A VIAGEM INICIÁTICA

OU

Os 33 graus
da Sabedoria

Do Autor:

As Egípcias
A Rainha Sol
A Sabedoria Viva do Antigo Egito
Mundo Mágico do Antigo Egito
Nefertiti e Akhenaton
O Egito dos Grandes Faraós
Filae — O Último Templo Pagão
Tutancâmon — O Último Segredo
O Faraó Negro

SÉRIES

RAMSÉS

O Filho da Luz (Vol. 1)
O Templo de Milhões de Anos (Vol. 2)
A Batalha de Kadesh (Vol. 3)
A Dama de Abu-Simbel (Vol. 4)
Sob a Acácia do Ocidente (Vol. 5)

A PEDRA DA LUZ

Nefer, o Silencioso (Vol. 1)
A Mulher Sábia (Vol. 2)
Paneb, o Ardoroso (Vol. 3)
O Lugar da Verdade (Vol. 4)

A RAINHA LIBERDADE

O Império das Trevas (Vol. 1)
A Guerra das Coroas (Vol. 2)
A Espada Flamejante (Vol. 3)

MOZART

O Grande Mago (Vol. 1)
O Filho da Luz (Vol. 2)
O Irmão do Fogo (Vol. 3)
O Amado de Ísis (Vol. 4)

OS MISTÉRIOS DE OSÍRIS

A Árvore da Vida (Vol. 1)
A Conspiração do Mal (Vol. 2)
O Caminho de Fogo (Vol. 3)
O Grande Segredo (Vol. 4)

CHRISTIAN JACQ

A VIAGEM INICIÁTICA

OU

Os 33 graus da Sabedoria

Tradução
Maria Alice Araripe de Sampaio Doria

BERTRAND BRASIL
Rio de Janeiro | 2014

Título original: *Le Voyage initiatique ou Les trente-trois degrés de la sagesse*

Capa: Raul Fernandes

Editoração: FA Studio

Texto revisado segundo o novo
Acordo Ortográfico da Língua Portuguesa

2014
Impresso no Brasil
Printed in Brazil

Cip-Brasil. Catalogação na publicação
Sindicato Nacional dos Editores de Livros. RJ

J19v Jacq, Christian, 1947-
A viagem iniciática ou os 33 graus da sabedoria / Christian Jacq; tradução de Maria Alice Araripe de Sampaio Doria. — 1. ed. — Rio de Janeiro: Bertrand Brasil, 2014.
192 p.; 23 cm.

Tradução de: Le Voyage iniatique ou Les trente-trois degrés de la sagesse
ISBN 978-85-286-1951-5

1. Romance francês. I. Doria, Maria Alice Araripe de Sampaio, 1948-. II. Título.

CDD: 843
14-09049 CDU: 821.133.1-3

EDITORA BERTRAND BRASIL LTDA.
Rua Argentina, 171 — 2º andar — São Cristóvão
20921-380 — Rio de Janeiro — RJ
Tel.: (0xx21) 2585-2070 — Fax: (0xx21) 2585-2087

Atendimento e venda direta ao leitor:
mdireto@record.com.br ou (0xx21) 2585-2002

Este livro foi composto na tipologia Minion Pro e impresso em papel offwhite 80g/m², na Markgraph.

Ao meu Mestre François Brunier

"Deus não é uma mistura, ele é Uno. Nós somos mutantes, um devir, somos um conjunto de possibilidades, para nós não há perfeição, não há ser absoluto. Mas quando passamos do poder ao ato, da possibilidade à realização, temos uma parte de ser verdadeiro, ficamos a um passo do divino e da perfeição. Realizar-se é isso."

Hermann Hesse

SUMÁRIO

OS GRANDES MISTÉRIOS

DO SOL À ÁRVORE FLORIDA

PREFÁCIO À NOVA EDIÇÃO

O escultor Auguste Rodin escreveu um texto magnífico:

Ó pensadores! Um simples companheiro de outrora encontrava imediatamente, nele mesmo e na natureza, a verdade que vocês procuram nas bibliotecas. E essa verdade era Reims, era Soissons, era Chartres, eram as rochas sublimes de todas as nossas grandes cidades... Frequentemente, sonho que os vejo, que sigo de cidade em cidade esses peregrinos da obra em processo ardente de criação. Paro com eles ao lado da Mãe,[1] *que reúne os* Compagnons du Tour de France...[2] *Gostaria de me sentar à mesa desses talhadores de pedra.*

Rodin tem razão: ao lado da erudição e do indispensável conhecimento dos textos da Idade Média, é fascinante explorar o universo

---

[1] Pessoa encarregada da direção quotidiana de cada uma das sedes dos *Compagnons du Tour de France* e que dá a atenção necessária aos jovens afastados das respectivas famílias durante o período de aprendizado. (N. T.)

[2] Entidade que, na França, ao aliar saberes tradicionais e técnicas modernas, forma profissionais da construção de alto nível. (N. T.)

dos construtores que criavam "pedras falantes", pedras que ainda falam se soubermos olhá-las com amor e veneração.

Hoje em dia é quase proibido falar em mensagem; no entanto, nossos ancestrais tinham realmente a intenção, por intermédio dos edifícios e das figuras de pedra, de nos transmitir uma mensagem relativa ao divino, ao sagrado, à finalidade do homem, a uma espiritualidade alegre e profunda.

Parece-me que eles concebiam essa espiritualidade como um caminho que incluía etapas e que cada um era livre para percorrê-lo conforme quisesse e de acordo com o próprio ritmo. É por isso que, ao lado das representações religiosas que ensinavam a fé cristã, encontramos programas esculpidos, como o da catedral de Metz, que é objeto deste livro, programas esses que ofereciam uma visão de mundo própria aos construtores.

Este texto sobre "Os 33 graus da Sabedoria" foi publicado em 1981 e permitiu entrever que as figuras esculpidas contavam uma história bem viva; como escreveu o Mestre Eckhart, "por mais que a obra e o tempo tenham passado, o espírito com que as obras foram feitas continua a viver".

Desde essa data, várias obras foram publicadas sobre a Idade Média, que atualmente não é mais vista como um período obscuro ou uma idade intermediária. Todos se conscientizaram de que a epopeia das catedrais foi um momento de forte intensidade espiritual e que sua luz, da qual Suger tanto falou, nos toca o coração.

Como egiptólogo, eu me interessei pelos laços que unem o simbolismo egípcio, através das suas diversas mutações, à iconografia medieval;[3] trata-se de um vasto campo de pesquisa, e alguns

[3] Consultar *Le Message initiatique des cathédrales,* sob coordenação de Christian Jacq, Éditions de la Maison de Vie, 1995, p. 63 e p. 184.

exemplos serão encontrados na presente obra, na qual trataremos muitas vezes do simbolismo animal. Aqueles que faziam as imagens na Idade Média foram receptivos às antigas tradições, na medida em que as imagens eram portadoras de sentido e conferiam a sua arte um poder de irradiação sempre intacto.

Quando lemos a obra de Guillaume Durand, bispo de Mende no século XIII, percebemos que, para o construtor da Idade Média,[4] qualquer parcela do edifício sagrado, por menor que seja, possui um significado simbólico. *Tudo o que pertence ao culto, aos costumes e aos ornamentos da Igreja,* escreve Durand, *é cheio de figuras divinas e de mistério, e cada coisa em particular transborda de ternura celeste, quando encontra um homem que a examina com atenção e amor e que sabe tirar mel de pedra e óleo da rocha mais dura.*

O Cristo desejava que os seres humanos tivessem olhos para ver e ouvidos para ouvir; diante dos capitéis, essas palavras de pedra, realmente, é preciso usar a visão e a audição, interrogar-se sobre o significado deles, sabendo que nenhuma verdade definitiva e absoluta pode ser atingida, sob pena de tornar "o coração apertado", segundo a expressão egípcia.

Antes de ter acesso ao caminho que vai da árvore seca à árvore florida, é preciso vencer sete obstáculos que o escultor ilustrou com uma força especial: a infidelidade, a vontade de destruir, a avareza, a idolatria, o egocentrismo, a covardia e a vaidade. Vasto programa! E quem poderá afirmar, um dia, que realmente venceu esses sete defeitos? Na verdade, a nossa única capacidade, sem dúvida, consiste

---

[4] Cf. Guillaume Durand de Mende, *Manuel pour comprendre la signification symbolique des cathédrales et des églises,* Éditions de la Maison de Vie, 1996.

em ter consciência desses defeitos, em nomeá-los e lutar contra eles, em nos voltar para essa árvore florida que, ao longe, exibe o seu esplendor na Jerusalém celeste.

Esta pequena obra é um simples depoimento, uma tentativa de passar para o papel — portanto, de maneira parcial e imperfeita — um encontro com a espiritualidade da Idade Média. Mas por que, perguntaríamos, esse pensamento sente necessidade de se expressar por símbolos? A essa pergunta, Marie-Madeleine Davy deu uma resposta notável: *A diferença entre os homens se reduz ao seguinte: a presença ou a ausência da experiência espiritual. Por mais luminosa que seja, essa experiência não é adquirida de uma vez por todas, ela é destinada a aprofundamentos sucessivos e é por isso que o homem em quem ela se realiza fica atento aos sinais de presença, aos símbolos que, como as letras, lhe ensinam uma linguagem, a linguagem do amor e do conhecimento. O homem espiritual é instruído pelos símbolos e, quando ele quer relatar a sua experiência inefável, é, mais uma vez, aos símbolos que, necessariamente, recorre.*[5]

[5] *Initiation à la symbolique romane*, p. 10.

Apresentação

Este livro é um depoimento sobre uma iniciação vivida nos dias de hoje no Ocidente e sobre o caminho que conduz a uma sabedoria, a uma plenitude, a uma harmonia que todos buscamos em nós mesmos e à nossa volta.

Num bonito e frio dia de inverno, tive a sorte de encontrar um Mestre de Obras do século XX, um desses homens que continuam a transmitir um ritual e os valores iniciáticos.

Quando esse homem de estatura média, ombros largos e cabelos prateados se aproximou de mim, compreendi que a minha vida iria se transformar. Eu contemplava, havia mais de uma hora, uma série de esculturas gravadas num dos pórticos da catedral de Metz, convencido de que a longa busca que me levara até aquele local não havia sido em vão. As imagens representadas na pedra eram um relato extraordinário, oferecido ao olhos de todos. Contudo, ninguém tivera a ideia de lê-lo e eu mesmo estava perplexo.[6]

---

[6] Não há interesse em relatar aqui as discussões sobre a época das esculturas. O importante é saber que o escultor iniciado, autor da execução, transmitiu

De início, o homem não disse nada. Ele se instalou a alguns metros de mim. Soprou nos dedos como para espantar o frio. Depois tirou uma máquina fotográfica de uma sacola grande. Ele também viera olhar as misteriosas esculturas.

Não ousei dirigir-lhe a palavra. Algumas pessoas intrigadas com os dois turistas que examinavam tão de perto um pórtico, em frente ao qual haviam passado centenas de vezes sem vê-lo, não paravam por causa do tempo.

Quando terminou de tirar as fotos, o homem guardou a máquina com cuidado, com a lentidão de alguém que tivesse a eternidade pela frente. Ele se virou para mim, sorrindo.

— Não me parece que você esteja aquecido. Quer beber alguma coisa?

Depois de tomar uma bebida revigorante, voltamos ao pórtico.

E conversamos durante horas. Baseado nas esculturas gravadas por seus Irmãos de outrora, ele concordou em responder as minhas perguntas sobre as confrarias iniciáticas que, como no Egito, como no tempo das catedrais, como no futuro, continuarão a construir o templo. Isso porque a iniciação é tão indispensável ao homem quanto o ar e o alimento.

Quando os últimos raios de sol anunciaram o fim do dia, eu já não sentia frio, embora a temperatura estivesse vários graus mais baixa. O que ele me havia revelado trouxera, para sempre, o sol para a minha vida e para o meu pensamento.

Acho que as palavras dele não eram destinadas apenas a mim, eu simplesmente fui um instrumento do acaso. Tenho certeza de que

---

as chaves mestras da sua iniciação, independentemente da data exata da primeira conclusão da Obra e de sua restauração.

a iniciação, transmitida atualmente no Ocidente por homens como ele, pode permitir que muitos de nós se realizem.

Por esse motivo, achei que não devia guardar para mim o diálogo com o homem cujo nome de iniciação era Pierre Delœuvre. Era, pois agora ele alcançou o que os Mestres de Obras chamam de Oriente eterno.

A revelação dos 33 graus da Sabedoria e do caminho da iniciação me parece vital demais para continuar sendo mantida em segredo. Se Pierre Delœuvre falou, foi para que a voz de uma confraria iniciática fosse ouvida.

Era a festa de São João do Inverno,[7] diante da porta do templo...

— É a primeira vez que vejo uma série de esculturas como esta.

— Você já viajou muito?

— Viajei. Ao Egito e pela Europa. As esculturas das catedrais me intrigam há muitos anos. Já li centenas de obras...

— E nenhuma delas lhe deu o significado dessas imagens de pedra. São pedras falantes. Elas só falam de uma coisa: da iniciação. Se não sabemos isso, não podemos compreender.

— Foi uma comunidade de escultores que entalhou essa série de imagens?

— As comunidades iniciáticas de construtores são o traço de união entre todas as épocas em que a iniciação foi transmitida no nosso solo. Tudo partiu do Egito faraônico, onde as confrarias formavam

[7] À festa de São João do Verão, muito conhecida, correspondia, entre os construtores, uma festa do inverno.

verdadeiros Estados dentro do Estado. Meus irmãos da Idade Média não perderam os segredos delas. E eles falaram na linguagem que lhes era natural, a linguagem da pedra.

— Mas... por que aqui? Por que escolher este lugar para reunir os elementos espalhados em outras catedrais?

— Para as comunidades de construtores, Metz não é uma cidade comum. Há lugares de destaque nos quais eles se expressaram, Paris, Estrasburgo, Lyon... não vou lhe dar uma lista interminável. Aqui, neste pórtico, havia um dragão, o Graoully. Você se sente capaz de enfrentar o dragão?

Era a primeira vez que Pierre Delœuvre me tratava com mais intimidade. De minha parte, continuei a tratá-lo cerimoniosamente, devido ao imenso respeito que tinha por ele.

— Todos os heróis e os santos mataram o dragão algum dia — disse eu. — Quanto a mim...

— Não, está enganado. Eles não mataram. Eles venceram, dominaram e compreenderam que o dragão não era apenas um dragão, e sim um guardião dos tesouros escondidos. Um guardião da porta deste templo onde você quer entrar.

— Posso perguntar...

— Estamos aqui para conversar. Se as perguntas vierem do fundo do seu coração, certamente encontrarão uma resposta.

— Vocês celebram a mesma iniciação que os seus Irmãos da Idade Média.

— É verdade. Conservamos os mesmos rituais e os mesmos símbolos. Para compreendê-los, achamos que é preciso passar por uma iniciação. Mas os símbolos e ritos permanecem letra morta se não os vivemos interiormente. Por isso estou aqui. Porque as esculturas que temos diante dos olhos são uma das revelações mais excepcionais que conheço. Provavelmente, nunca se falou com tanta exatidão dos 33 graus da Sabedoria. Não foi por acaso que o Mestre de Obras, que concebeu essa mensagem, colocou-a diante do olhar de todos aqueles que saberão ver.

— Ainda é preciso interpretar tudo isso.

— O Mestre de Obras e os seus escultores escreveram um livro na pedra, um livro que se lê página por página, com começo e fim. Se você pular uma dessas páginas, o restante se tornará incompreensível. Mas a clareza está no seu olhar, não na obra. Nós constatamos que um antigo provérbio transmitia uma das mais profundas verdades iniciáticas: "da discussão nasce a luz." Na sua frente estão as etapas de um ritual iniciático, a maneira de alcançar a Sabedoria por meio dos 33 graus. Então, vamos conversar. Nós dois vamos avançar no caminho. Você, com o seu desejo de compreender, e eu, com a experiência que adquiri graças aos que me guiaram e que, agora, tenho o dever de transmitir. Já que o importante é ver, que tal me descrever o que está vendo?

A voz não era autoritária e dura, mas a pergunta estava marcada por uma autoridade natural. Uma pergunta que era um pedido e uma prova.

— Vejo uma árvore seca; depois vêm uma águia, um touro, quatro personagens segurando máscaras, um dragão, um golfinho, uma pomba, um elefante, uma serpente, um personagem com uma espada, a lua, o sol, um personagem segurando duas vasilhas, um homem de olhos vendados, um pelicano, uma fênix, uma águia, um leão alado, um anjo e, finalmente, uma árvore florida.

— Cada uma dessas 33 etapas encarna uma ou várias qualidades a serem adquiridas para se caminhar na direção do Conhecimento.

Quem olha e lê essas figuras de pedra contempla a sua própria viagem para uma terra celeste. Assim nos são indicadas as etapas sucessivas da formação espiritual de um Mestre de Obras, de sua entrada na catedral da luz e, ainda, de sua realização iniciática. Pela virtude dessas imagens, obtemos a chave de ouro que abre as portas mais secretas do templo. No entanto... você tem certeza de que viu tudo? Não esqueceu alguma coisa?

Olhei com mais atenção.

— O pilar central... Existem várias cenas estranhas nesse pilar.

— Sete, exatamente. Elas simbolizam os obstáculos à iniciação. Obstáculos a serem vencidos antes de se dar o primeiro passo no caminho. Possuímos, assim, todos os elementos necessários para nos orientarmos progressivamente em direção à Sabedoria. Elementos simples e misteriosos, ao mesmo tempo. Se quiser interpretá-los e, sobretudo, vivê-los, é preciso passar por transformações e provas.

— Provas?

— Você está com medo?

— Não, mas não acredito que todas as provas pelas quais o homem passa levem à iniciação. Algumas o destroem.

— O que vale é a prova que abre para uma transformação.

— Em outras palavras, melhorar a si mesmo...

— Isso não é suficiente. É a mudança de estado que conta. Aquele que olha essas esculturas e que bate à porta do templo não é qualquer um. É um postulante, um homem que pede para viver em espírito e em verdade. Àquele que faz esse pedido, os iniciados respondem: torne-se uma árvore seca, um touro, um leão, passe por todas as fases para se tornar uma árvore florida.

— Refere-se à metempsicose?

— De jeito nenhum.

— Você nega a existência dela?

— Não nego nem afirmo. O meu dever é dar o testemunho daquilo que as confrarias de construtores vivenciam em função dos segredos que você tem diante dos olhos.

— Se não se trata de metempsicose, o que é pedido ao postulante é uma transformação simbólica, como a compreendiam os egípcios.

— Explique-se melhor.

— Tornar-se touro não significa que a alma humana vá passar para o corpo do animal. É, na verdade, a possibilidade que o homem tem de adquirir a qualidade simbolizada pelo touro. Transformar-se em touro é adquirir a força vital capaz de vencer todas as inércias do quotidiano. É por isso que o rei do Egito tinha a força do touro.

— Mudar de estado — continuou Pierre Delœuvre — é passar de verdade em verdade, sem se fixar em nenhuma delas, sem se esclerosar num dogmatismo e sem, por essa razão, ser cético. Você tem razão: deve descobrir a mensagem de cada figura de pedra, o "Número" delas, como se diz na Geometria sagrada.

— Nos contos, fala-se muito em homens-lobos e em homens-ursos, por exemplo. Nas tribos ou nos antigos clãs, mesmo na Europa, as pessoas se identificavam com um animal sagrado. No Egito, cada província possuía um; venerado numa cidade, podia ser comido numa outra. Se eu não estiver errado, os rostos da iniciação são tantos quanto as diferentes "artes"?

— Cada comunidade de iniciados tem a sua própria arte, a sua parcela de verdade. A arte desse pórtico que contemplamos poderia ser chamada de "Um caminho para a Sabedoria". Um caminho no qual é preciso se perder para melhor se encontrar, depois de mudar de estado. Conhece a história do herói Tuan?

— Não.

— Tuan percorreu o caminho das transformações. Depois de dormir por nove dias, ele se transformou num salmão. Um pescador o pegou e o levou ao rei do seu país. O soberano mandou grelhar o peixe e sua mulher o comeu. Mas ele saiu das entranhas da rainha, diferente do que era antes. Ele se tornou capaz de dizer palavras de Sabedoria e recebeu um novo nome.

— Há relatos semelhantes no Egito. Transformações de que só os conhecedores são capazes.

— Não se pode esquecer os obstáculos — disse-me Pierre Delœuvre sorrindo. — O nosso espírito gostaria de estar bem mais à frente no caminho, mas os obstáculos ainda estão lá.

— Não compreendo muito a presença desse pilar, desse guardião da porta. Parece-me que o desejo de se iniciar deveria ser suficiente para poder seguir o caminho.

— Certamente, desejar a iniciação é o primeiro passo. Esse desejo nos torna capazes de descobrir a via certa, mas, no entanto, não elimina os obstáculos que nos aguardam.

— Por que sete cenas nesse pilar?

— Sete é o número da vida no seu aspecto mais misterioso, mais secreto.

— Mas, então... esse mistério, essa perfeição, são os obstáculos?

— Claro. São obstáculos para quem os considera como tal. Se você decreta que a vida é misteriosa e que o mistério é insondável, efetivamente ele o será para você. Se acha que essa porta está fechada para sempre, ela assim permanecerá.

— Portanto, os obstáculos para a iniciação não existem. Eles não passam de ilusões.

— Não, não são ilusões. Aquele que não nomeou as coisas não as conhece. Para ele, a vida não passa de obstáculo. Por isso, nossos Mestres acharam que seria bom nos confrontar com uma síntese dos vícios, graças às cenas desse pilar.

— Vícios? A moral tem tanta importância assim?

— Não estou falando da moral, e sim dos vícios da construção do ser. Quando um homem se constrói, não deve cometer erros na planta nem na escolha dos materiais. Se ele se enganar nessa fase, construirá uma monstruosidade que desabará sozinha e o privará da liberdade. Esses vícios, esses defeitos, esses desvios, chame-os como quiser, não são coisas insignificantes.

— Isso me lembra uma palavra de Cristo: "Se não observastes o que é pequeno, quem vos dará o que é grande? Porque eu vos digo que aquele que é fiel nas menores coisas também é fiel nas grandes."

— Como vê — disse Pierre Delœuvre, achando graça —, ele já concordava comigo.

— Vamos enfrentar esses "vícios" da Obra — disse eu. — Depois de nos livrarmos deles, poderemos abordar os graus da Sabedoria.

— Não seja ingênuo. Teremos de travar um combate difícil, um combate que nunca terminará.

Eu me concentrei ao máximo diante do pilar, o guarda da porta encarnado na pedra. Ao longo das minhas pesquisas anteriores, eu havia estudado longamente a maioria dos motivos simbólicos que agora olharia de perto.

Consumido pela inquietação, tentei não demonstrá-lo. Mas eu não tinha ilusões. Paradoxalmente, o que me reconfortava era saber, com toda a certeza, que eu estava numa "virada" da minha vida.

Não era apenas a minha parte intelectual que era confrontada com as pedras falantes, e sim o meu ser por inteiro.

Aliás, Pierre Delœuvre me havia prevenido: provas e transformações. Eu começava a compreender o que ele queria dizer.

Do 1º ao 7º graus
Os obstáculos à iniciação

— Olhe. O que você vê?

— Vejo uma dama sentada num trono. Um servo se aproxima dela. E lhe apresenta uma taça, mas ela não o recebe bem. Não hesita em expulsá-lo com um pontapé em pleno peito.

— O que acha que representa?

— Ingratidão, dureza de alma, violência gratuita... É isso o que devemos evitar?

— Você está satisfeito com a sua interpretação?

— Não digo que esses defeitos não sejam importantes, mas certamente há alguma outra coisa. Eu penso... eu penso em todas essas cenas em que vemos um enfrentamento entre os personagens nobres e os servos desleais.

— Em geral, esses servos são repelidos assim?

— Repelidos... quando traem a sua palavra e a sua função. Esse homem seria um servo traidor?

— Na verdade, ele é. Ele foi infiel. Infiel à própria palavra. Não reconheceu a qualidade da Dama sentada no trono, alma viva de todas as coisas. Ao trair a si mesmo, ele se desencaminhou. Contemple a taça virada. Não é um objeto comum. Trata-se do recipiente onde estava a bebida da imortalidade, que nos submete à prova da verdade. Esse homem não quer seguir o caminho da descoberta de si mesmo. Ele não toma a bebida que o faria morrer para a morte e nascer para a vida. É melhor virar a taça, pensa ele, do que me conhecer tal como sou. Ele se rebela contra a dimensão iniciática da vida. Mas a Dama rejeita sem dificuldade a agressão do infiel. Sem armas, ela tem força suficiente para repelir tanta violência, tantas reações descontroladas.

— A iniciação é assim tão frágil?

— A alma da iniciação, aparentemente tão frágil, tão ínfima em relação ao volume de paixões destruidoras do homem, tem, na realidade, uma força que a torna indestrutível. Ninguém poderá, jamais, matar a iniciação.

— O agressor também não está segurando um pergaminho?

— Ele acredita ter roubado o livro do mundo, que contém os segredos da vida. Acha que poderá usá-lo em benefício próprio, sem ter prestado o juramento sobre a taça, que o engajaria no caminho da transformação. Mas está enganado. O que ele tem na mão é um livro mudo, cujas letras nunca vai compreender. Ele não aceitou se submeter às provas que a Dama lhe pediu para enfrentar com humildade e será condenado à ignorância estéril.

— No *Apocalipse*, é recomendado ao justo que não tema as provações que o aguardam. Se permanecer fiel até a morte, ele receberá a coroa da vida.

— Sim, permanecer fiel à vida em espírito: é um compromisso difícil, que necessita de vigilância constante. O servo indigno tenta usurpar a coroa da Mãe dos Construtores, que não pertence a ninguém. Ela é o símbolo da unidade comunitária, onde cada um tem o seu lugar, exercendo a sua função.

O 1º obstáculo, a infidelidade! Uma coisa impensável no nosso mundo, em que a fidelidade é praticamente considerada um sentimento antiquado, até mesmo inútil. Talvez porque o nosso mundo não tenha mais uma clara percepção da importância da iniciação.

— O 2º obstáculo — disse Pierre Delœuvre.

— Para mim — disse eu, observando a cena esculpida na pedra — é um suicídio. O homem que transpassa o próprio corpo com a espada evidentemente põe fim à vida.

— Se essa cena foi escolhida, é para nos fazer perceber as razões desse ato. E, sobretudo, para levá-lo de volta ao caminho iniciático. Esse "suicídio" é a expressão de uma vontade negativa. A vontade de destruir a parcela divina que existe em cada ser. Para uma confraria iniciática, veja bem, o homem que se mata é aquele que menospreza por muito tempo a sua luz interior.

— Ele é realmente responsável?

— Se o homem se limitar a passar pela vida, ao sabor das próprias paixões e reações, chegará o dia em que os fantasmas serão opressivos demais. Ele não será mais capaz de passar por transformações, já que desprezou os símbolos. Acaba fugindo de si mesmo e não sente mais nenhuma comunhão com o universo nem com o próximo. Para evitar a insuportável tensão nascida do vazio interior, decide eliminar o "instrumento" mais precioso: a sua própria consciência. Torna-se o mau operário que quebra a sua ferramenta de trabalho. Faz da espada a arma da morte. E acha que, assim, será possível destruir a parcela divina que lhe apresentava muitas perguntas insolúveis.

— Esse personagem foi descrito pelo poeta Prudêncio, quando ele fala do combate entre a Paciência e a Cólera. Com espuma na boca, por mais que ataque a Paciência, a Cólera não consegue destruir a couraça da Paciência. Cada vez mais furiosa, a Cólera acaba agredindo a si mesma com a espada. Se bem me lembro, vitoriosa, a Paciência diz: "a fúria enlouquecida é a sua própria inimiga, ela se mata devido à exaltação violenta e morre pelas suas próprias armas."

— A Paciência de que fala não é uma qualidade qualquer. A verdadeira Paciência é aquela que permite ao iniciado suportar o peso do mundo sem desmoronar, como este pilar suporta o peso da mensagem sem complacência que nos mostra. "Contra o Sábio, o tigre não pode usar as suas unhas, o soldado não pode quebrar a ponta da sua espada. Por quê? Ao seguir a Via, o Sábio que está na Terra não pode morrer." Essas palavras, de um dos meus Irmãos chineses, nos indica o meio de escapar desse suicídio, não acha?

— Esta cena aqui — disse eu, observando a representação do 3º obstáculo — não é difícil de interpretar. Como detestável personagem do avaro, não poderia ser melhor! Ele enche a sua arca de moedas de

ouro o mais avidamente possível. Quando fechar a tampa, ninguém poderá se aproximar do tesouro. Além disso, ele tenta enfiar algumas moedas na roupa, como se não quisesse perder nenhuma migalha da fonte de riqueza. Estamos longe da caridade.

— A que caridade você se refere? Se se trata de fazer o bem com as riquezas materiais que possuímos, esse não é o remédio para a avareza que impede o nosso avanço.

— A caridade não é o dom de si mesmo, o engajamento de todo o próprio ser em direção ao conhecimento?

— Alguma coisa desse tipo, creio eu. Mas teremos de dialogar com a Caridade no nosso caminho mais à frente. Agora, temos de vencer a luta contra o avaro.

— E se os tesouros que ele acumula não fossem verdadeiros tesouros? E se ele apenas acumulasse um vazio no seu cofre tão bem fechado?

— Frequentemente é isso o que acontece! Esse avaro é escravo de falsos valores que atrapalham o pensamento. Ele só se interessa pela aquisição de bens viciados. Acumula o que o faz morrer. Ele mesmo põe um ferrolho na consciência e a tranca com duas voltas na chave. Em breve, perderá a chave e morrerá de asfixia. Ele faria melhor se visitasse o mercado de Atenas com o velho sábio e dissesse com ele: "Quantas coisas de que não preciso!" Mas o avaro não é o pior.

— Existe coisa pior do que acumular verdadeiras riquezas?

— Guardá-las para si. Lembre-se dos fariseus e de todos os que eles simbolizam, de todos os homens que possuem uma parcela de verdade e se recusam a transmiti-la para melhor usufruí-la sozinhos. As riquezas acumuladas tornam-se um monstruoso dragão que se atira sobre o avaro e o devora.

— Os Antigos sempre condenaram os maus ricos. Não é a esse avaro que são dirigidas as terríveis palavras do Apocalipse? "Conheço tuas obras: tu não és nem frio nem quente. Quem dera que fosses frio ou quente! Mas como és morno, nem frio nem quente, estou para te vomitar da minha boca. Porque tu imaginas: 'Sou rico, enriqueci-me e não preciso de nada', e não sabes que és um infeliz, miserável, pobre, cego e nu. Eu te aconselho a comprares de mim ouro provado no fogo, para ficares rico."[8]

— Trata-se, realmente — observou Pierre Delœuvre —, de transformar os metais impuros em substância criadora, num sol interior. O ouro dos iniciados não é o metal dos comerciantes. É o corpo da luz, o esplendor da vida, o sinal do imorredouro.

— Os antigos egípcios diziam que o ouro era a carne dos deuses. Era ele que iluminava o santuário secreto dos templos, o Santo dos Santos. Brilhar e pôr no mundo são uma única e mesma palavra na língua hieroglífica.

— É a Luz que dá vida à pedra — disse o Mestre de Obras —, a luz que está na mão do escultor. Por isso, aprendemos a criar uma mão de ouro, que transforma em luz a matéria que ela trabalha.

— Em outras palavras, o contrário da avareza!

— É preciso entrar na Morada do Ouro, mas sem posses. Onde brilha o ouro das estátuas é onde o homem renuncia aos falsos valores para encontrar a verdadeira riqueza.

— Cada templo egípcio — acrescentei — possuía uma Morada do Ouro, onde se punham as estátuas no mundo. Enquanto não recebessem a luz, elas não passavam de matéria inerte.

---

[8] Apocalipse, 3:15-18; *Bíblia, Mensagem de Deus,* São Paulo, Edições Loyola, 1993. (N. T.)

— Você teve a sorte de poder dialogar com o antigo Egito e de falar a língua deles. Esses construtores, a cujos pensamentos você se refere, pronunciaram as palavras da verdade. Saiba que eles são nossos pais.

— Havia um grande dignitário, chamado Rekhmire, que significa "Aquele que conhece como a Luz". Ele possuía uma tumba magnífica em Tebas. Numa das paredes, há a representação de um homem com um rosto incrivelmente sereno. Parece que ele tem placas de ouro nos ombros.

— Quando a avareza é vencida, o próprio homem pode vir a ser um símbolo. Quando, no fim das provas, o Mestre acolhe o postulante no templo, ele expressa toda a sua alegria e o envolve num abraço de ouro.

— Agora compreendo melhor as palavras ditas pela deusa Ísis, palavras gravadas na tumba do sumo sacerdote Petosíris: "Você renova a vida por intermédio do ouro que sai dos seus membros."

— O ouro continua a ser o símbolo dos tesouros espirituais, pois os antigos Mestres eram comparados às montanhas de ouro que iluminavam toda a Terra.

— Esse ouro, que o avaro nunca poderá guardar no seu cofre, não é o nosso fogo interior?

— O Paraíso ainda é aqui na Terra. Mas o homem continuará longe dele, enquanto não se regenerar e esfregar na sua carne o Ouro dos sábios para se regenerar. O Gênesis nos ensina que o homem, não o indivíduo, foi criado à imagem e à semelhança de Deus e foi feito do pó da terra. Ele voltará para ela, é verdade. Mas, depois da iniciação, ele será um pó de ouro. O homem profano, aquele que não nasceu realmente, passa da poeira material para o ouro comum. Pesadas pálpebras fecham os seus olhos.

— Os Mestres de Obras também não eram um pouco alquimistas?

— Naturalmente. A alquimia individual repousa em segredos técnicos que o Mestre apenas comunica ao seu discípulo. Mas também existe uma alquimia comunitária, e os símbolos dessa ciência sagrada estão presentes ao longo de todo o caminho da Sabedoria. Quando esses tesouros caem nas mãos do avaro, ele não sabe o que fazer. Mas há um obstáculo pior.

— Agora estou vendo um personagem que se ajoelha, com as mãos unidas, diante de um ídolo monstruoso em cima de uma base. Já vi esse personagem em Paris, Amiens e Chartres. Os estudiosos de história da arte dizem que é a imagem da idolatria. Mas para os amantes das civilizações antigas esse termo não significa grande coisa.

— Para todas as Igrejas, o idólatra é aquele que adora as "igrejas" heréticas. Uma bela vítima a condenar! Infelizmente, essa atitude

dogmática envolve uma doutrina que pretende ser dona da verdade total e definitiva. Fique sabendo que os construtores dos templos nunca foram doutrinários nem fanáticos. Para eles, a religião cristã é um alimento como qualquer outro. E o cristianismo de Roma não é o único.

— Como você encara a idolatria nessas condições? Como uma crença cega?

— Acho que a idolatria contra a qual nos põem de sobreaviso é um mecanismo mental que deforma a nossa inteligência e a torna incapaz de perceber o valor dos símbolos. É confundir a ideia encarnada na obra com a forma da obra. O idólatra se apega a um catálogo de ideias fixas e não mexe nelas, com medo de ver as suas crenças evoluírem.

— Toda aquisição que não é vivificada termina com uma esclerose. O que é verdade a respeito das ciências materiais é ainda mais verdade no nível da iniciação.

— O olhar do idólatra se resseca, a sua reflexão se torna uma casca vazia. Privado da seiva, ele é escravo das imagens fugidias e não percebe os sinais que Deus espalhou pelo mundo.

— Isso não está relacionado às artimanhas do diabo? Não é ele que inspira todas as idolatrias?

— Falar em diabo é se precipitar. A viagem iniciática é longa. O fator "tempo" não conta. Aquele que está com muita pressa não suporta viver longe de uma certeza, de alguma coisa segura à qual possa se prender em qualquer circunstância. Mas o que importam os dias e as noites passados a estudar, a buscar, a compreender e a não compreender! O essencial é viver a ligação com o mundo cada vez mais intensamente. É entrar no coração dessa pedra que nos fala.

— A busca da verdade não é uma competição esportiva. Mas isso é difícil de aceitar na nossa civilização atual de diplomas e títulos.

— O iniciado não tem diploma nem título. E os iniciados não são classificados em relação aos outros. É verdade que o nosso tempo idolatra diplomas que, às vezes, permitem à incompetência agir com toda a impunidade.

— A idolatria não seria também levar-se a sério? E levar a sério os julgamentos de valores da nossa época?

— O diabo é aquele que atravessa o caminho tentando nos desviar da via reta. É verdade que o riso faz o diabo fugir. Se você não se leva a sério, se não perde tempo com os seus êxitos, não tem de temer os idólatras. Mas há coisa mais perigosa do que esses insensíveis.

— Essa jovem que se olha no espelho é mais perigosa? A cortesã, a frivolidade, a sedução, a luxúria... todas tendências que evocam a Prostituta do Apocalipse, aquela que faz os servos de Deus comerem carnes impuras.

— Você não está completamente errado, porém há muito mais que isso.

— O espelho?

— Como os egípcios o chamam? — perguntou Pierre Delœuvre.

— O espelho é chamado de "aquele que abre a visão", e é também sinônimo de "vida". Ele faz os objetos se revelarem e lhes dá vida.

— Mas o espelho não transmite apenas a imagem do mundo visível. Ele é também um meio de obter o reflexo perceptível do mundo invisível. O nosso universo, diziam os nossos Pais, é o imenso espelho de Deus, no qual podemos conhecer a sabedoria. A nossa visão intelectual é indireta. A visão intuitiva nos permite passar através do espelho e compreender a realidade além dos seus reflexos. O astrólogo dirige o seu espelho para o céu, e não para si mesmo. "Se a tranquilidade da água permite refletir as coisas", explicou Tchuang-tseu, "o que não pode a do espírito? Como é tranquilo o espírito do sábio! Ele é o espelho do universo e de todos os seres".

— Um personagem curioso que estudei, um alquimista chamado Zósimo, de Panópolis, afirmava que aquele que se olha no espelho da Verdade não olha as sombras, e sim a luz que elas ocultam.

— Não é como o nosso personagem — observou Pierre Delœuvre. — A importância do espelho lhe escapa, pois ele contempla a si mesmo, em vez de observar o universo. Ele condena a si próprio a um egocentrismo estéril e esterilizante. Já que você citou os Alquimistas, que tanto frequentaram as nossas comunidades, talvez saiba que eles falaram do espelho e do papel que este tinha na preparação da Obra. Não devemos nos contemplar pelo prazer de nos admirar! A alma que se olha no espelho alquímico descobre as suas imperfeições. É esse olhar corajoso que a purifica.

— Mas essa purificação tem de ter um objetivo!

— Que esse olhar nasça do espelho, e não do homem profano. Essa contemplação não se realiza no reino das sombras. Ela nos livra dos laços do narcisismo, outra forma de suicídio.

— O que vemos no espelho é a nossa parcela de Luz?

— Sim, é o que, em nós, é mais do que nós mesmos. O que é o Espelho dos Sábios senão uma forma do Espírito na sua pureza primitiva? Quando um homem nele se olha e se vê tal como é, não teme mais a deus nem os demônios; ele não é escravo de nenhum vício e de nenhuma virtude.

— Isso me faz lembrar do provérbio árabe: "Nem o vício, nem a virtude atravessarão a porta do Paraíso."

— Os iniciados no islamismo dizem que o Espelho está colocado acima de sete portas e de doze casas. É ele que, na verdade, permite ver o cosmos na sua harmonia, nos seus sete planetas assim como nos doze signos.

Depois que falamos sobre o espelho, uma ideia começou a me atormentar. As últimas palavras de Pierre Delœuvre abriam tantos horizontes que me senti obrigado a intervir, a lhe comunicar a minha objeção.

— Parece-me — disse eu — que saímos do mundo dos obstáculos. Não estamos mais falando do egocentrismo estéril e sim do cosmos, nós não...

— Não existe outro meio de realizar as provas — interrompeu Pierre Delœuvre. — Descrevê-las, nomeá-las, conhecê-las é essencial. O que nos interessa não são os obstáculos em si, mas as forças de vida extraviadas que eles encarnam. Forças que você entrevê apesar do véu que as recobre. Desde que — continuou ele com uma ironia condescendente, mas perceptível — não desista na primeira manifestação do invisível.

— Você está se referindo a esta lebre? — perguntei, contemplando o 6º obstáculo. — E a este cavaleiro medroso que foge por causa do pequeno animal, chegando a abandonar a espada? Como se pode ser capaz de tamanha covardia? Já vi esta cena em outras catedrais, em Paris, em Amiens, em Chartres e em Reims. Estou surpreso por encontrá-la aqui, tão inacreditável me parece.

— Não pense assim. A covardia é um fenômeno frequente na via da Iniciação. O homem encarregado de executar uma função tão importante quanto a deste cavaleiro teme um animalzinho inofensivo porque tinha ilusões a respeito do seu próprio valor.

— A lebre é um animal noturno, acostumado com as trevas. Não estaria ela saindo de uma dessas estranhas florestas aonde os cavaleiros iam em busca de aventura?

— Sem sombra de dúvida, e isso torna ainda mais manifesta a covardia daquele que se embrenhou na floresta dos símbolos sem se preparar, sem um desejo verdadeiro. Quantas declarações ele não fez! Ele era o mais forte, venceria os monstros mais horríveis com um piparote! E aí está o resultado. Um coelho sai de uma moita e o nosso cavaleiro, grande iniciado em teoria, treme de medo e abandona as suas armas.

— Isso lembra alguns casos desconcertantes, mesmo entre os "mestres espirituais" de todos os tipos!

— Sobretudo entre eles. Não existem mestres espirituais. Existem apenas Mestres de uma atividade que transmite a sabedoria e a experiência vivida. O medo do cavaleiro degenerado não é nada mais que uma recusa em viver a aventura iniciática, porque ela exige

um questionamento de si mesmo. Para enfrentar os verdadeiros perigos e alcançar as verdadeiras vitórias, antes é preciso abandonar a falsa segurança.

— O hábito não faz o cavaleiro, no caso presente. Ele parece ser iniciado, recebeu a espada, mas tudo não passou de teatro e de farsa.

— Por isso a covardia é um obstáculo tão importante no nosso caminho. Entre os iniciados que atravessaram as primeiras portas, há os usurpadores. Mas quando eles encontram a coitada da lebre, signo vivo que vem do fundo da floresta mágica, a fraude é revelada. Não faça como eles. Prepare o seu espírito para a vinda do Mestre, reconheça-o em todas as criaturas. Se for autêntico com você mesmo, nunca será um covarde. Autêntico, custe o que custar, e custará muito num mundo em que a covardia e o subterfúgio são elevados à categoria de valores respeitáveis.

— Segurar a espada, não soltar a arma, não é o melhor meio de não fugir?

— No caminho iniciático, enganar a si próprio ao querer enganar o outro leva à morte. Mantenha a sua espada de luz e continue a ser um guerreiro. Vai precisar de toda a sua coragem para passar pelo 7º obstáculo. O obstáculo que nos separa da porta do templo.

Impressionado, contemplei o último obstáculo. Uma cena violenta, brutal, como a queda definitiva num abismo.

— Vejo um cavaleiro derrubado da sua montaria. Conheço esta cena, eu a vi desenhada pelo Mestre de Obras Villard de Honnecourt, no seu caderno de esboços. Ela existe em outras catedrais.

— Ele recomenda alguma interpretação?

— Sim, ele explica que é assim que devemos representar a Vaidade. Os Antigos a descreviam volteando num cavalo furioso, esporeando sem parar o pobre animal e avançando para cima do inimigo, a Humildade. Mas a Vaidade cai de cabeça num fosso, numa desordem de gestos incoerentes. Portanto, esse é o obstáculo supremo. O orgulho desmesurado.

— Não podemos confundir orgulho com vaidade! A vaidade é destruição e morte. O vaidoso é aquele que parte para a aventura cuidando para levar consigo todas as suas imperfeições. Ele imagina que apenas a sua presença será suficiente para atravessar qualquer etapa. Mas o cavalo, o mundo dos instintos, derruba violentamente o pensamento desarmônico. O vaidoso desconhece a obra a realizar.

— E o que entende por orgulho?

— O orgulho é a coragem do viajante que nunca se dá por vencido diante do mistério. Para cavalgar convenientemente o corcel que o leva para o templo, ele alimenta o seu Fogo interior com um orgulho nobre, com o desejo de renascer, de se recriar, de viver a iniciação neste mundo e agora. Não se esqueça de que os sete obstáculos nunca são vencidos definitivamente. Eles ressurgirão entre cada nova etapa do nosso caminho. Mantenha-os presentes na sua consciência. Mas saiba que somos os principais responsáveis pelas nossas falhas. Todas as dificuldades desaparecerão se formos capazes de vencer a nós mesmos. Agora, chegou o momento de interrogar a Árvore seca.

Nós nos afastamos do pilar com as sete provas e nos dirigimos para o 8º dos 33 graus da Sabedoria.

Os pequenos mistérios
Da Árvore seca à Lua

8º grau

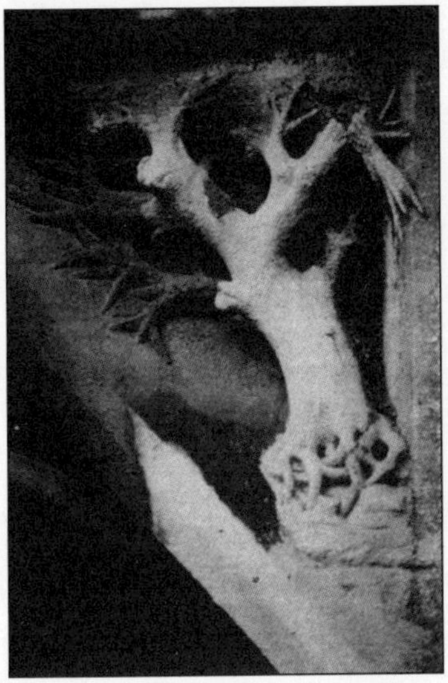

A Árvore seca ou a primeira tomada de consciência

O primeiro aspecto da iniciação não era nada atraente: uma árvore seca, de galhos desfolhados. A tristeza de um mundo privado de tudo.

— É a morte — disse eu. — E temo que seja a minha própria, como se eu houvesse fracassado em todos os obstáculos.

— É a morte, tem razão, mas não a que você imagina. A árvore seca só aparece para aquele que luta contra os obstáculos. Quando acreditamos que o peso a ser erguido é demais, é então que a primeira porta se abre. Nesse exato momento, devemos abrir os olhos, prestar atenção na voz dos símbolos, ficar vigilantes, despertos: se vemos apenas a aparência da Árvore seca, acreditamos que a iniciação é natimorta e procuraremos outros caminhos, mais brilhantes, que não passarão de becos sem saída.

— No entanto, não há nenhuma vida nesta árvore. Parece que a viagem iniciática terminou antes de começar.

— Longe de ser o fim da viagem, esta árvore, aparentemente seca, é o começo. É a árvore de inverno, na qual estão presentes todas as possibilidades, embora ocultas. A seiva não corre mais, a energia é mantida no interior do tronco e das raízes. Nenhuma exterioridade, e sim uma interioridade quase total, um voltar-se para si mesmo necessário para entrar no caminho. Compreenda que a seiva não desapareceu. Ela ainda não apareceu. As raízes não foram arrancadas, elas ainda não foram vivificadas. Todas as árvores sabem que é o princípio criador que faz decair a árvore que está erguida e ergue a árvore decaída, que faz secar a árvore verde e recupera a árvore seca.

— É impossível ser árvore florida nesse momento da viagem, não é? Esperamos uma revelação total assim que damos o primeiro passo, mas decaímos com a sua descoberta.

— Nos tornamos humildes, mais do que decaídos. O vaidoso se desviará da Árvore seca, o autêntico peregrino fará com que a seiva suba nele.

— Muitos religiosos dizem que Deus está escondido na árvore; até os cristãos afirmam que o Cristo está no interior dessa árvore.

— Quando Seth viu a árvore seca se cobrir de verde, soube que ela se transformaria em cruz e que o mundo seria sacralizado. Pois tudo depende do olhar que o homem adota diante da vida e da natureza. Ele pode passar ao lado da árvore aparentemente morta, desdenhá-la ou, então, detectar a luz que, embora muito fraca, é o anúncio da grande luz. Conta a lenda que um rei partiu para o Oriente com o objetivo de descobrir a sabedoria. Terminada a sua iniciação, ele voltou ao ponto de partida: a Árvore seca. E o rei pendurou suas armas num dos galhos. Imediatamente, a árvore morta se recuperou.

— Ou seja, é preciso confiar nesse símbolo de desolação, pois ele possui a chave de nossas verdadeiras qualidades.

— A Árvore seca não é o objeto, e sim um objetivo. Antigamente, o peregrino que conseguia chegar até ela adquiria grande fama. O irmão Oderico de Porderone[9] situou essa árvore no monte Mamre, não muito longe de Hebron, explicando que ela estava lá desde o começo do mundo. Os túmulos de Abraão, Isaac e Jacó, e até o de Adão, estão em Hebron. Foi embaixo dessa árvore que Abraão conversou com os mensageiros do céu.

— O cepo da Árvore seca ainda é visível nos dias de hoje?

— Ainda. Sua presença prova que o segredo da vida espiritual não foi definitivamente perdido. Pela Árvore seca, o homem tem a possibilidade de se integrar na cadeia de revelações. Num mapa antigo do século XIII, o explorador Richard de Haldingham localizou a Árvore seca nas vizinhanças da Índia e do Paraíso terrestre.

— Índia? Não na dos geógrafos, acho eu. A Índia dos homens da Idade Média era uma terra de monstros e de criaturas medonhas hostis ao viajante.

— A rota que leva à Árvore seca não é desprovida de perigos. Se cedermos ao sobrenatural, ao estranho, ao inabitual, esqueceremos a viagem iniciática e nos perderemos nas próprias fantasias. Quando

---

[9] Frade franciscano que deixou um relato de sua viagem a Pequim, Índia, Sumatra, Tibete e Pérsia, em 1328. (N. T.)

se sai da cidade de Cobinan, relatou Marco Polo, chega-se a um dos desertos mais áridos que existe. Não há alimentos, nem água, nem frutas e nem árvores. Depois de oito dias, chega-se à província de Tonocain, extremidade da Pérsia setentrional. Ali se estende uma imensa planície na qual encontramos a árvore *sol*, que alguns chamam de "Árvore seca". Ela é grande e grossa. Sua casca é verde de um lado e branca do outro. Ela produz uma castanha totalmente oca.

— Você está me revelando o nome oculto da árvore. Árvore *sol* é a árvore só, não é? O risco do envoltório vazio, sem qualquer substância, é a nossa solidão?

— Árvore seca é sinônimo de homem isolado no meio do universo, daquele que ainda não percebeu as relações imateriais entre as parcelas da vida, os vínculos invisíveis entre os seres e as coisas, a coerência do pensamento e as suas possibilidades de conhecimento.

— Mas a Árvore seca é a origem da experiência iniciática real? Ela já está começando a se formar em mim, se posso ser sincero.

— Quando contemplar o lugar onde a árvore se ergue, nomeie as suas imperfeições e fraquezas sem a menor condescendência. Conheça a si mesmo em função do universo, e não de uma psicologia qualquer. A sua vacuidade não será mais um vazio gelado, e sim um apelo à plenitude futura. Você sabe o que os contos do Graal dizem sobre a Árvore seca?

— Acho que tem alguma relação com Eva...

— Eva guardou um ramo da árvore da vida como lembrança da sua desgraça. Como naquele tempo não havia arca nem estojo para guardá-lo, ela o espetou na terra. Em seguida, esse rebento aparentemente natimorto da árvore paradisíaca, essa árvore que parecia seca, subiu em direção ao céu.

— Então, ao plantá-la, Eva apagou a culpa original?

— Quem não busca o "porquê" da vida se desvia da Árvore seca. Despreza essa árvore, acha que ela tem pouco valor, prefere uma natureza mais luxuriante e mais atraente. Esquece que a trilha da iniciação é estreita. Aquele que deseja conhecer faz a pergunta: "Por que esta árvore está seca?" Então, ele sente a presença das raízes imortais. Ele se prepara para replantá-las numa terra celeste.

— Existe algo incoerente, na minha opinião. A Árvore seca parece ser equivalente ao ponto extremo, ao término derradeiro. Seria ela o ponto final da evolução humana? Certamente não, pois estamos no início do caminho. De que término se trata?

— Um término e uma morte que se confundem com um nascimento. O fim da existência profana, a morte do velho homem, a passagem do homem estático para o homem em mudança. Mestre Eckhart definiu maravilhosamente o estado de espírito daquele que assume essa mudança de estado: "A luz brilha nas trevas, é então que a vemos. De que serviriam aos homens a luz e o ensinamento se eles não os aproveitassem? Quando eles estão nas trevas e em sofrimento é que lhes deve aparecer a luz!"

— Lamentar a Árvore seca, felicitando-se por não estar no lugar dela, seria o pior dos erros. Acho que é preciso usar a madeira para fazer um cajado de viagem. Como dizia o sábio egípcio, "a madeira retorcida, despida no campo, é atacada pela seca e pelo calor do sol; o carpinteiro a leva consigo, a recupera e faz com ela o cajado de um sábio".

— Do vazio momentâneo surge uma plenitude, da esterilidade dolorosa surgirá a floração. Esse é, também, o milagre da iniciação. Árvore seca e matéria a sacralizar são termos paralelos que abrem o caminho. Abandone toda atitude de orgulho, apoie-se no cajado de peregrino. Em Rouen, na Idade Média, uma fonte com três tubos regava com água fria uma árvore seca denominada "povo", cujas folhas verdes cresciam a olhos vistos. Eu me pergunto se assim não era expressa a regeneração da comunidade, graças à transmissão do espírito.

— A Árvore seca não corresponde à tomada de consciência que abre a porta do templo?

— Antigamente, a vida desaparecia por uma árvore plantada no túmulo do Mestre. Nesse momento, para você, a vida começa a reflorescer por uma árvore que só está seca na aparência. Quando tudo parece perdido, uma minúscula luz nasce no fundo das trevas que estão em você. Na matéria-prima de tão vil aparência jaz o segredo da transmutação do amanhã. A árvore isolada é a sua solidão à beira da via iniciática. Você ainda não plantou as suas raízes na terra nutritiva, a sua consciência ainda não produz frutos. No entanto, você compreendeu que o caminho se abre a sua frente graças às palavras da águia que vem na sua direção.

9º grau

A Águia ou a intuição da luz

— Você está no nártex — disse Pierre Delœuvre —, na entrada do templo. Agora, você mudou de universo. A porta da vida profana já ficou para trás. Tudo terá significado no mundo em que você vai avançar passo a passo, desde que saiba dar um sentido ao que encontrar.

— A Águia, em primeiro lugar.

— A Águia e o companheiro que vem em seguida, o Touro, formam o grupo de guardiães. Vigilantes, eles são os símbolos mais contundentes de uma realização iniciática consumada, pois formam o par indissociável da luz e da criação.

— Como atingir logo de início ideais tão elevados? Mal saí da noite da minha consciência e você me pede para ver o que considero os valores mais elevados!

— No nosso mundo moderno, quando queremos aprender alguma coisa, começamos pelo estudo de noções simples; depois, progressivamente, nos dedicamos aos problemas mais complicados. Porém, quando o postulante entra no templo, ele não busca o aprendizado de alguma coisa. Os construtores não são professores. A atitude deles não é escolar.

— O neófito não parte de uma análise para ir para a síntese?

— Claro que não. Primeiro ele conhece, de maneira virtual, a maior perfeição que pode conceber e, em seguida, se esforça para torná-la real. Tudo se passa como se ele estivesse aos pés de uma imensa montanha, cujo topo pode ver. Se não tivesse em si a imagem do cume, mesmo que bem vaga, não pensaria em tentar a escalada.

— Você me pede para ver a catedral terminada, sendo que acabei de ser admitido na obra e ela apenas começou.

— É essa visão que deve morar no seu coração e lhe servir de guia nas provas. A Águia e o Touro são duas flechas que encimam as torres. Elas põem no seu olhar o objetivo da sua viagem. Elas lhe pedem que situe o seu pensamento no nível mais elevado que consegue conceber.

— A Águia é o símbolo de João, o apóstolo preferido de Cristo, testemunha da luz.

— Por isso tantas igrejas lhe foram dedicadas. João ocupa um lugar muito importante no simbolismo das nossas confrarias de construtores. Junto com Tomé, ele serve de modelo aos Mestres de Obras. Ele reina na festa de verão, quando as confrarias se reúnem num alegre banquete. Ele também tem a posse da taça da imortalidade, da qual sai a serpente da inteligência.

— Por que a Águia de João aparece para mim neste momento da viagem?

— Sem dúvida porque você percebeu a mensagem da Árvore seca ao provar que era capaz de ir mais além. A Águia ensina que você possui uma luz interior, cujo poder ainda ignora.

— Por que a Águia segura um filactério?

— Filactério... essa palavra complicada tem um sentido. É uma combinação de duas palavras gregas. Poderíamos traduzir por "guarda da lei".

— É verdade que a Águia guarda a lei iniciática, os textos sagrados que nos despertam para a luz. Para essa luz que estava nas nossas trevas e que elas não conseguiram destruir. O prólogo do Evangelho de João não faz alusão a essa ideia?

— Desde que o leiamos na sua pureza primitiva. Em muitas traduções, lemos: "a luz estava nas trevas e as trevas não a incluíram." É um erro, mais ou menos voluntariamente transmitido e repetido. Se nos basearmos no texto original, deveremos compreender: "e a escuridão não a pôde extinguir."[10]

— Não se trata de um detalhe de linguagem?

— Se fosse apenas isso — respondeu Pierre Delœuvre —, eu não teria comentado. A erudição não é necessária para sermos iniciados. Mas alguns textos simbólicos são tão importantes que merecem ser examinados com rigor. Se realmente existissem trevas inacessíveis à luz, o homem estaria condenado eternamente à ignorância. Deus ficaria no céu e o homem rastejaria na Terra.

---

[10] Evangelho Segundo São João, 1:5, *Bíblia, Mensagem de Deus,* São Paulo, Edições Loyola, 1993. (N. T.)

— Você acha que a luz passa através da matéria mais opaca, através do homem mais grosseiro?

— Nenhum anteparo, nenhuma muralha conseguirá modificar completamente os desenhos originais do Arquiteto dos mundos.

— É preciso ainda descobrir uma trilha, uma maneira de sair do próprio deserto e das próprias trevas.

— Tudo depende da natureza das trevas nas quais viaja o postulante à iniciação.

— O que quer dizer?

— Existem dois tipos de escuridão. A primeira, as trevas externas, cobre uma zona desfigurada na qual o homem se perde. Ele não percebe nenhuma trilha, em parte alguma. A segunda é formada por trevas interiores. Desta vez, o homem compreende que o egoísmo o cegava e se volta para si mesmo com o objetivo de se interrogar sobre a sua verdadeira natureza. Então, no mais profundo do seu ser, ele distingue uma luz pálida, atrás da qual entrevê um longo corredor, uma fileira de colunas. Esse estado corresponde à passagem do postulante por uma cripta escura na qual apenas brilha uma luz fraca. No entanto, essa primeira claridade contém as qualidades da gigantesca luz que lhe será fornecida no fim da viagem.

— O guardião dessa luz é a Águia? É ela que fornece a luz ao postulante?

— A Águia é a possibilidade que abre o caminho da luz. Ela nos torna capazes de pressentir a realidade derradeira. Suba nas asas da Águia, descubra as paisagens da alma perdidas ao longe. O segundo encontro com a Águia só ocorrerá depois de um longo período. Quando a encontrar, o germe da luz amadurecerá. Agora, outro guardião nos espera. Vamos até ele. Vamos para perto do Touro.

10º grau

O Touro ou a intuição da criação no espírito

— O Touro... eis um animal que me é familiar.

— Suponho que esteja pensando nos touros sagrados dos egípcios e em todos os que foram glorificados nas religiões antigas.

— Um dos trajes rituais do faraó incluía o rabo de um touro. No animal se encarnava a força criadora do rei. É isso o que é proposto ao iniciado?

— Foi durante a era do Touro que nasceram e brilharam as grandes civilizações iniciáticas, como o Egito, a Babilônia, a China e a Índia védica. Essa mensagem de criação não se perdeu. Como a Águia, o Touro guia o postulante e forma a sua intuição, a possibilidade de penetrar no coração da vida.

— Essa nova etapa é um aprendizado da ação criadora, de uma arte de viver que seria de natureza real?

— O Touro — disse Pierre Delœuvre — é o ponto de partida de uma vida verdadeiramente consciente. Se representarmos o universo como uma série de rodas em movimento, o animal simbolizará o eixo comum, o centro imóvel que põe em marcha todas as esferas. Ele é a chave mestra das nossas transformações interiores. Antes de conhecê-lo, o iniciado estava sujeito a certa imobilidade ou se deixava levar por uma "roda" cuja velocidade não controlava. Ele buscava o equilíbrio, em vão. Ao passar pelo Touro, você muda de dimensão. Tenta viver o centro e a periferia ao mesmo tempo, tenta se movimentar, continuando estável.

— Segundo o simbolismo egípcio, às vezes o sol toma a forma de um touro, do qual surge toda a natureza.

— Para o construtor, essa é a revelação de uma qualidade essencial: deixar de esperar por uma verdade que venha do exterior e criar o próprio caminho.

— Agora compreendo melhor por que o Touro está ligado a Ptah, deus dos construtores e dos artesãos.

— O Touro ensina à humanidade o bom uso da matéria. Ele é a força capaz de provocar o nascimento da vida e de dar vida ao universo de maneira permanente. Ele introduz a luz em cada parcela da vida. Sem ele, tudo pararia.

— Na Babilônia, deuses e deusas formavam uma assembleia presidida por El, a grande divindade semítica conhecida da Bíblia. O termo "El" pode ser usado para designar qualquer divindade e um dos seus epítetos mais frequentes é exatamente “touro”. E não foi só a Babilônia que concebeu o Touro como mestre e pai dos deuses. No *Livro dos Mortos* egípcio, o sábio entra na cidade da união perfeita, pois o seu coração e a sua mente despertaram intactos sob a coroa branca. Ele conduz os seres superiores e faz os inferiores crescerem. Eu sou, afirma o sábio, o touro perfeito que caminha na turquesa.

— Depois, as qualidades simbólicas do Touro foram simplificadas e lhe foi atribuído o papel de pai do rebanho e de grande fecundador. Perdeu-se de vista que essa fecundação era, a princípio, de ordem iniciática.

— Então, o encontro com o Touro é a revelação das nossas capacidades criadoras?

— Desde que você seja um valente guerreiro! Assim que o vir, ele lutará com você.

— Esse confronto não corresponde a uma antiga cena relatada nos *Textos das Pirâmides*? Quando vai ao encontro dos seus irmãos, os deuses, o rei pede a um touro gigantesco que o deixe passar. O Touro possui quatro chifres. O primeiro está voltado para o Ocidente, o segundo, para o Oriente, o terceiro, para o Sul, e o quarto, para o Setentrião. O corpo do animal é todo luminoso. Depois de dar provas da pureza das suas intenções, o faraó finalmente convence o interlocutor, que aceita baixar o chifre do Ocidente e lhe abrir caminho.

— A nossa iniciação preservou a viagem do Ocidente para o Oriente, onde desponta a luz. Lá, o homem renasce sob a forma de uma estrela depositada na “mão” do Touro. O patriarca Enoque, que subiu ao céu em vida, teve o privilégio de ver inúmeras estrelas descerem do alto do cosmos e pousarem no solo. Ali elas se transformaram em touros.

— Tenho a impressão de que o Touro é indissociável da criação do rei, na maioria das civilizações.

— Entre os celtas, era o Touro quem entronizava o novo soberano. O sacerdote comia a carne de um touro branco para que, durante a noite, o rosto do futuro soberano lhe aparecesse em sonhos e ele pudesse indicá-lo ao povo ao acordar. Dormir significa dissipar o peso do dia, morrer para o passado. O sono nos regenera e nos prepara para o renascimento da manhã. O Touro se manifesta na aurora sob a forma do sol e fecunda os campos com os seus raios; periodicamente, ele reanima os templos e as estátuas de culto.

— A sua confraria assimilou a herança dos iniciados ao culto de Mitra?

— Você se refere à corrente iniciática que, dizem, concorreu com o cristianismo que nascia?

— Sim, porque os adeptos de Mitra davam grande importância ao culto do Touro. A parede do fundo de todos os templos de Mitra, o deus com o barrete frígio, era decorada com uma cena que representava a principal façanha que ele havia realizado em prol da humanidade: matar o Touro. Os templos eram instalados em grutas, cuja abóbada simbolizava o céu. De ambos os lados do sumo sacerdote, desenhavam-se o sol e a lua. Por ocasião de uma iniciação, como representante de Mitra, o chefe da comunidade matava o Touro novamente para que uma outra vida surgisse, tão exaltante quanto a primeira criação. Um raio de sol irrompia sobre ele, enquanto o sangue do animal imolado inundava o neófito ajoelhado numa cavidade embaixo da vítima. Símbolo do amor criador, o Touro oferecia sua vida ao novo adepto.

— Se você seguir esse exemplo, sacrifique as imperfeições que entravam a vinda do seu segundo nascimento. Você conhece o rito de passagem pela pele?

— Os antigos egípcios falaram sobre isso. O adepto deve entrar numa pele de animal, voltar a ser embrião e renascer.

— Numa pele de touro, para entrar realmente em contato com os deuses. Entrar no símbolo, passar por ele, é isso que vale.

— Em algumas catedrais, notei a presença de um labirinto. Antigamente, quase todas as catedrais tinham um. Eles foram destruídos voluntariamente. Pode ser porque o Minotauro, o touro guardião do labirinto, assustava alguns espíritos?

— Não é fácil chegar ao centro do labirinto. Algumas vezes, nossos Pais colocaram o rosto de um ou de vários Mestres de Obras no centro desse emaranhado aparentemente complicado onde, na realidade, ninguém pode se enganar de caminho. Entrar no labirinto não é nada. No interior, percebemos que só há um caminho possível. A dificuldade consiste em encontrar ali o Mestre de Obras, o Touro realizado, o único que sempre está exatamente no meio.

— A força proverbial do Touro é necessária para se conseguir isso.

— Por isso é que ele foi o símbolo do trabalho intenso, da obra "finalizada" e completa. Para conquistar o estado de ser nomeado "Touro", você vai precisar de uma força de caráter muito especial: a vontade de fazer tudo, e tudo imediatamente, quaisquer que sejam as circunstâncias. Claro, isso é impossível. Não eliminamos o tempo. Mas podemos conservar esse ideal. É o dinamismo do Touro que permite deslocar montanhas. Um construtor precisa dessa força quando participa da edificação do templo.

— O que pede uma confraria de construtores, a não ser organizar o nosso mundo interior e construir sempre?

— O Touro não se importa se a pedreira é rica ou pobre, se o terreno é liso e regular. Ele se adapta às dificuldades do momento e tira delas o melhor partido.

— Muitas lendas foram contadas sobre a virilidade do Touro. Diziam os contadores da Idade Média que o animal era impetuoso sexualmente. Quando engatava na vulva da fêmea, ejetava o esperma sem fazer nenhum movimento. Se errasse a vulva e aplicasse o membro numa outra parte do corpo da fêmea, ele a feria devido ao esforço muito violento. Contudo, ele nunca a cobria depois de ela haver concebido. Acho que tais relatos contêm verdades ocultas.

— Como você interpreta o acasalamento do Touro com a fêmea?

— Como a complementaridade indispensável entre a atividade e a receptividade, o equilíbrio entre o fogo ardente que nos faz desejar o absoluto e a temperança interior, capaz de conservar o fruto dos resultados obtidos.

— O iniciado "Touro" acrescenta a calma da sua maturidade à força. Quando o mundo "gira bem", o sábio deixa as coisas correrem. O diabo, como eu já disse, é aquele que se apressa e se irrita com os fracassos.

— Diziam também que o ouvido do Touro era excepcional, capaz de ouvir a grandes distâncias.

— Com a intervenção do Touro, o iniciado percebe realidades espirituais ainda muito longe dele.

— No rabo do Touro situava-se um poder mágico. Os adeptos dos mistérios de Mitra explicavam que surgiam espigas de trigo da cauda do touro sacrificado.

— Para alimentar a comunidade! O Touro é um criador, um ser que concede sem poupar esforços. Ele tem um lugar de destaque nas lendas dos nossos santos. Em Toulouse, venera-se a memória de São Saturnino. As autoridades romanas decidiram prendê-lo e depois ordenaram que adorasse os ídolos. Por haver se recusado, ele foi amarrado a um touro, cuja corrida selvagem terminou nos degraus do Capitólio. Em volta do túmulo dele, uma nova cidade foi edificada. A enorme igreja de São Saturnino comemora o fato: um baixo-relevo representando o santo de pé, acompanhado do Touro criador, orna o pórtico oeste. O encontro de um homem de Deus e de um Touro é a ocasião perfeita para construir um templo e celebrar o culto.

— E o famoso relato de Guilbert de Nogent sobre os bois da catedral de Laon? Um dia, um dos pretensos bois que puxava uma carroça cheia de pedras pela encosta da colina onde era construída a catedral caiu no caminho, exausto. Então, apareceu um "boi" misterioso, que tomou o lugar do irmão desfalecido e levou a carroça até o cume. Realizado o trabalho, ele desapareceu.

— Esse que apareceu era o antigo Touro celeste, capaz de espiritualizar a matéria, transmitindo a força criadora. Nenhum obstáculo resistia a ele. Ele foi o verdadeiro fundador das igrejas, cujo futuro local indicava. Deixe-me contar-lhe a história de Gargan. No ano 390, havia em Siponto um homem chamado Gargan. Ele possuía um imenso rebanho de ovelhas e bois. Enquanto os animais pastavam na encosta de um morro, um touro se afastou para subir ao cume e não voltou para casa junto com o rebanho. O proprietário pegou vários empregados para procurá-lo. Ele o encontrou no alto da montanha, na entrada de uma caverna. Aborrecido, Gargan lançou uma flecha envenenada contra o animal, mas a flecha voltou para ele e o feriu. Assustados, os habitantes de Siponto perguntaram ao bispo qual o sentido do estranho acontecimento, e este começou a rezar. Depois de três dias de jejum, o arcanjo Miguel lhe apareceu e disse que daquele dia em diante ele deveria morar no lugar indicado pelo touro.

— Na lenda da fundação do Monte Saint-Michel existe um fato parecido. Miguel havia aparecido a um bispo no local chamado "Tumba", perto do mar, ou seja, no monte Tombelaine. Como o bispo hesitava sobre a futura localização da igreja, o arcanjo lhe ordenou que a construísse no local em que encontrasse um touro escondido por ladrões. Como o bispo ainda estivesse indeciso a respeito das proporções da construção, o arcanjo explicou que elas deveriam corresponder exatamente aos traços desenhados no solo pelos cascos do touro.

— O desafio é este mesmo: descobrir as proporções da Obra a ser realizada. Na medida em que você possui um ser verdadeiro e uma natureza verdadeira, todas as suas ações serão acertadas. Mas a ternaridade anunciada pelo Touro é apenas virtual. Restam muitas etapas a serem vencidas antes de se chegar a Mestre.

11º grau

As Máscaras ou a dualidade

A Águia e o Touro me tinham dado uma intensa esperança. Eu tinha a impressão de que descobrira um panorama imenso, sem nenhum limite. Ao chegar em frente às Máscaras, tive uma sensação estranha, desconcertante. Uma mistura de medo e vontade de vencer a qualquer preço.

— Com os ensinamentos da Águia e do Touro — disse-me Pierre Delœuvre —, você dispõe dos elementos necessários para dialogar com os personagens das Máscaras.

— Os personagens... Não há apenas um, é verdade. Eles são quatro e cada um deles segura duas máscaras.

— Essa é a constatação essencial. Eles não constituem várias etapas da iniciação, mas apenas uma, decomposta em diferentes fases pelo escultor para que percebêssemos as suas intenções. A dualidade se oferece a você, sob seus diversos aspectos.

— O primeiro personagem, com o olhar perdido ao longe, segura duas máscaras que sopram ar. Sinto uma ruptura, uma dualidade não resolvida. O bem exclui o mal e vice-versa. Fico dividido entre duas tendências contraditórias.

— O Princípio único, indivisível, no entanto, é cortado pela razão pensante. Nesse momento, o iniciado sofre uma queda, sai de um paraíso. Ele considera a vida sob um ângulo antagonista. Mas prossegue o caminho.

— O segundo personagem segura máscaras que não sopram. Ele as segura por cima, apoiando-as firmemente nos joelhos. O pé esquerdo está apoiado no direito. Ele tem um apoio. Deixo de ser o brinquedo inconsciente de forças contrárias.

— Você é o único responsável pela dualidade. Ao se confrontar com as suas próprias contradições, você já não afirma um bem absoluto, muitas vezes confundido com o seu interesse pessoal.

— Por que os ventos só aparecem na primeira das quatro cenas?

— Eles são tempestades, agitação.

— No entanto, o vento traz um dinamismo, me ajuda a permanecer em movimento.

— Lembre-se: "A mão de Deus caiu sobre você e Ele o levou, depositando-o no meio do vale, um vale cheio de ossadas. E Ele diz: essas ossadas viverão? Você dirá: espírito, venha dos quatro ventos, sopre sobre esses mortos e que eles vivam!"

— No Egito, os ventos faziam verdecer os campos porque continham a vida. Eles eram representados por gênios nas paredes dos templos e nos sarcófagos. Em muitos dos relevos que representavam a morte do touro ou o nascimento de Mitra, os quatro ângulos correspondem aos deuses dos ventos.

— Na primeira figura, os ventos permitem que o homem, dividido entre as contradições, não morra. Quando ele chega na atitude seguinte, em que começa a lutar, os ventos desaparecem. O sopro vital, em vez de ficar no exterior, penetrou em você. Continue.

— O terceiro personagem ergue as duas Máscaras. O gesto dele me é muito familiar. Ele pode ser visto com frequência na arte egípcia. Acho que significa que o homem é mestre da sua vitalidade espiritual. O escultor só representou um pé. Uma certa unidade foi realizada.

— O divino também está em você. Uma vez que a visão truncada do real é a causa dos seus conflitos, você decide elevar a dualidade,

sublimá-la. A tomada de consciência estática consistiu em saber que a dualidade existia. A tomada de consciência dinâmica é a percepção da energia unificadora, que reina em toda a parte. Porém, ainda falta uma última resposta para vencer essa etapa. Olhe com atenção.

Na última cena das Máscaras, havia alguma coisa totalmente nova. Uma paz, uma harmonia.

— Acho que a dualidade foi vencida, mas não consigo dizer por quê.

— Uma lei geométrica está inscrita nessa escultura — explicou Pierre Delœuvre. — As Máscaras, sempre erguidas, estão dispostas segundo a regra da Divina Proporção. A imagem de pedra nos mostra uma linha, da qual as Máscaras são os dois pontos extremos e a cabeça do homem, o ponto mediano que expressa a harmonia mais pura: o pequeno segmento — da Máscara da direita até a cabeça do homem — está para o maior segmento — da cabeça do homem até a Máscara da esquerda —, assim como o maior segmento está para a totalidade. Assistimos ao momento exato em que o iniciado descobre o princípio da Beleza. Os Mestres de Obra não faziam contas. Os números eram estáticos. Eles criavam a harmonia dos edifícios aplicando a proporção de Ouro, também chamada de proporção musical.

— Essa Divina Proporção não é a própria vida?

— Ela nos ensina que o mundo não é simétrico e que uma coisa nunca é igual a outra. Cabe a nós buscar o terceiro termo, ultrapassar as oposições estéreis.

— Isso me lembra as frases extraordinárias do Evangelho de Tomé, que revelou as palavras secretas de Cristo: "Quando fizerdes de dois Um e fizerdes o interior como o exterior, e o exterior como o interior, e o que está no céu como o que está aqui neste mundo, e quando fizerdes do macho com a fêmea uma única coisa, então entrareis no reino."

— Não se esqueça da Máscara. Ela não foi escolhida por acaso. É também por ela que é expresso o nosso progresso no rumo da Divina Proporção.

— Na Idade Média, os autores dos mistérios sagrados usavam máscaras simbólicas, herdadas das cerimônias rituais do antigo Oriente, quando os deuses procediam à criação do mundo por intermédio dos sacerdotes, que assumiam os seus rostos. Essas máscaras permitiam pôr no presente, sem cessar, o mundo dos céus. Nos sarcófagos, as máscaras eram sinais da cultura do morto.

— Desde que você não esteja dando à palavra "cultura" o sentido de acúmulo de saber enciclopédico. Para os nossos Pais, a cultura era uma coisa essencial: um trabalho incessante na nossa terra interior. Cultura da terra e cultura da alma são operações análogas. Os alquimistas denominavam a ciência deles de "arte de lavrar". Na mais importante das festas iniciáticas, a de São João do Inverno, as máscaras são usadas para expulsar os "incultos", ou seja, as forças cegas de destruição.

— A palavra "personalidade" não vem do latim *persona*? Podemos considerar que aqueles que participam de um ritual iniciático põem uma "pessoa" no rosto, que adotam uma personalidade sagrada usando uma máscara à imagem de um deus?

— Ao vencer o obstáculo da dualidade, você passa da individualidade fechada em si mesma para a personalidade aberta para o universo. Mas essa conquista desencadeia forças de um poder excepcional. Forças que podem assumir um aspecto aterrador.

12º grau

O Dragão ou o despertar consciente da fé

— Por quê? Por que, depois de superar a dualidade, vemos esse ser monstruoso, que cospe fogo, com as patas solidamente presas à terra por garras e asas nas costas?

— Porque ele não é um monstro. Olhe o dragão mais de perto. Ele representa a união dos quatro elementos: o fogo, que sai da boca; o ar, devido às asas; a água, pela cauda; a terra, pelas garras. A matéria universal é, assim, oferecida aos futuros Mestres de Obras. Falta buscar a quintessência, o quinto termo.

— Lutar com o Dragão?

— Sim, esse é o momento de viver um guerreiro, no sentido iniciático dessa função.

— Em toda parte, os heróis lutaram contra forças terríveis: Hórus, no Egito; Marduk, na Babilônia; Apolo, na Grécia; São Miguel, na cristandade. Como os outros sábios, Cristo encontrou dragões. Eu me lembro de uma passagem dos evangelhos denominados "apócrifos" que diz que a Sagrada Família entrou numa gruta para descansar. Maria desceu do burro e sentou-se, pondo Jesus no colo. Mais três meninos acompanhavam José e havia uma menina com Maria. De repente, vários dragões saíram da gruta. As crianças gritaram de medo. Então, Jesus desceu do colo de Maria, ergueu-se diante dos dragões. Estes abandonaram a atitude ameaçadora. Adoraram a Jesus e desapareceram.

— Uma criança pode vencer o Dragão. Ou melhor, o guerreiro que tenha recuperado o estado da infância, o estado de todas as possibilidades, de todas as disponibilidades. Antigamente, o Dragão era mostrado a todos. Não era escondido. Lembre-se dos crocodilos empalhados que os cruzados e os peregrinos trouxeram do Oriente Médio. Eles eram pendurados na abóbada de um pórtico ou de uma capela e, às vezes, até no interior da igreja, como em Saint-Bertrand-de-Comminges.

— O dragão-crocodilo... No Egito, o deus-crocodilo era denominado Sobek. Mostrava uma terrível agressividade contra os espíritos sonolentos.

— Não se limite à aparência de um dragão-crocodilo maléfico, emblema do diabo.

— É verdade, existe um Sobek solar. Plutarco, um iniciado nos mistérios de Osíris, falou do aspecto positivo do crocodilo divino.

Diziam que o crocodilo era a imagem de Deus, porque é o único animal que não tem linguagem. De fato, a razão divina não precisa articular nenhum som para se manifestar. Diziam também que o crocodilo é o único animal que, vivendo inclusive na água, tem os olhos cobertos por uma membrana fina e transparente que desce da fronte, de modo que ele pode ver sem ser visto, o que é também um privilégio do primeiro dos deuses. O *Livro dos Mortos* me ensinou um meio de dominar o crocodilo-dragão: se ele se apresentar com o seu aspecto mais assustador, devo voltar o rosto na direção da deusa Maat, garantia da harmonia universal.

— Então, a ilusão desaparece. O Dragão revela a sua natureza divina. Ele defende uma fonte e protege tesouros ocultos. Em algumas regiões, levavam em procissão, atrás da cruz, um dragão cuja cauda era cheia de palha. Quando ela esvaziava, a Lei divina era cumprida. Em alquimia, a cauda do Dragão abre o caminho para a pedra filosofal. Lembre-se do conde de Peredur, que nos fala da cauda de um réptil onde está uma pedra maravilhosa, que permite àquele que a possui conseguir todo o ouro que deseja. Na sua garganta, o Dragão esconde pedras preciosas. Alguns dragões trazem na fronte o carbúnculo, uma das "honrosas peças" da heráldica, onde se vê oito linhas saindo de um único ponto.

— Tudo isso para indicar que o Dragão não representa o mal, e sim a possibilidade de expurgá-lo ao descobrir a pedra da transmutação?

— O Dragão a possui, bem como a "Linguagem dos pássaros".

— A totalidade das vozes celestes?

— A compreensão dos estados espirituais e a transmissão deles ao próximo. É o que denominamos também de o "dom de línguas", a capacidade de falar a linguagem de cada um, de se abrir para a visão do outro.

— O Dragão também me parece possuir um caráter real. Nem mesmo os cristãos o esqueceram. Na batalha de Argentoratum, era um dragão de cor púrpura, a cor do imperador, que permitia aos soldados reconhecer Juliano. Ele interveio diretamente na guerra para preservar um rei, descendo do seu trono celeste. Os bizantinos consideravam o Dragão um basileus, isto é, um imperador dotado de palácio e de corte.

— Mesmo que o Dragão seja um monstro que vence o covarde, ele é, sobretudo, Dragão divino, comparado a um monarca sentado no seu trono celeste e detentor do raio. É a ele que devemos a fertilidade da terra.

— O rei das antigas tradições — observei — era considerado um sacerdote e um guerreiro. Não um fanático que impõe as suas leis arbitrárias, mas aquele que luta sem cessar para que a terra fértil continue a ser assim. Provavelmente, tais valores foram conservados nas suas confrarias.

— Foram, e você os encontrará nos textos iniciáticos. No ciclo do Graal, a função de sacerdote era exercida por Merlin, e a de rei, por Arthur. Foi-nos passado que Arthur e seus bons companheiros se reuniram sob o estandarte de Merlin, no qual um pequeno dragão parecia lançar chamas. As pessoas acreditavam ver a língua do animal se mexer na boca todo o tempo. Merlin era o sábio que inspirava o suserano por seu Verbo de fogo. Ele escolheu o Dragão para ornamentar seu estandarte, pois conhecia a quintessência. Antes da luta, Arthur punha na cabeça um elmo de ouro com um penacho dobrado em forma de dragão.

— O símbolo que designava o próprio abade às vezes era um dragão. Por exemplo, é o que vemos em Chaise-Dieu,[11] na misericórdia[12] de uma das estalas.

— O abade era considerado, ao mesmo tempo, como rei e sacerdote. Guia da comunidade, ele reunia o divino e o humano. Capaz de demonstrar o maior amor e a maior severidade, ele mantinha os monges na via reta e os incitava, sem condescendência, a buscar a verdade em qualquer circunstância. O mesmo ocorre com o Mestre de Obras e seus aprendizes.

— É o Irmão Dragão que me ensinará a perceber os ensinamentos do Mestre de Obras?

— Segundo Hermes Trismegisto, o dragão era um animal vigoroso, de vida longa, sem malícia e, de alguma maneira, amigo dos homens. Deixava-se aprisionar por aquele que soubesse falar com ele. Quando envelhecia, recuperava a juventude, como a raça dos deuses.

— O Dragão é uma força que permite que eu me regenere e questione o meu ideal.

— O Dragão é a força do fogo. Ele espera a mão que o domará. Por isso deve ser pacificado e transformado em amigo. Não se engane: ao ver as inúmeras cenas em que santos e heróis lutam com dragões, saiba que a intenção deles não era matá-los. Eles sabiam que o adversário, nesse terrível combate, era imortal. Essa luta não é um

---

[11] Comuna francesa, situada no Departamento do Alto-Loire e região de Auvergne. Famosa pela arquitetura gótica e pela abadia, que data do século XIV. (N. T.)

[12] Saliência na parte inferior do assento dobrável das estalas que forma uma espécie de banco, na qual os monges se apoiam nos ofícios longos e cantados, dando a impressão de que continuam de pé. (N. T.)

desencadear de ódio, mas a conquista para ser um mestre. No fim do combate ritual, o iniciado pergunta ao Dragão: "Você tem a intenção de me devorar com as suas chamas?" "Não", responde o Dragão, "eu vou despertá-lo, para que se alimente de mim".

— Creio que o medo do Dragão seria um erro fatal. Desejar dialogar com ele é acalmar a sua fúria.

— A missão do Dragão é levar a alma do justo para o céu, indicando os caminhos secretos das nuvens. O homem que se constrói sela um pacto com o Dragão para que lhe mostre a localização dos verdadeiros tesouros, as forças espirituais que não faltarão ao viajante autêntico.

— Nesse ritual de iniciação, a etapa "Dragão" não é um enorme despertar?

— É o despertar de uma fé consciente. O seu Irmão Dragão — disse Pierre Delœuvre — não mede a própria força. O despertar que ele provoca às vezes é tão violento que derruba tudo na passagem, correndo o risco de destruir o que ele queria regenerar. Por isso é que você precisa do Golfinho.

13º grau

O Golfinho ou a salvação sempre possível para quem a deseja

Eu me sentia movido por uma nova força, passada pelo Dragão. Mas as últimas palavras de Pierre Delœuvre eram angustiantes e, ao mesmo tempo, tranquilizadoras. Que uma nova passagem seria atravessada, isso era certo. Mas de que perigos teria de escapar?

— O Golfinho — contei, observando a escultura — era considerado como o rei dos peixes. Afirmava-se que ele possuía excepcionais qualidades morais. Achava-se que seu instinto, tão apurado, era muito próximo da razão humana. As modernas experiências científicas provaram que, tanto nesse ponto como em muitos outros, a intuição dos Antigos não estava errada.

— Insistia-se sobre a rapidez do rei das águas. Ele vai diretamente ao essencial, sem se perder pelos caminhos sem saída, sem se deixar apanhar pelas correntes pérfidas que levam o nadador ou o barco à deriva. Sem levar a sério as ilusões e as tentações, o Golfinho é a luz do mundo marinho.

— Plínio, o naturalista, dizia que o Golfinho gostava de música e que chegava a nadar na frente dos barcos, quando era executada pelos marinheiros.

— Para se apoderarem do dinheiro que Arion havia ganhado, os marinheiros preparavam-se para matá-lo em alto-mar. O músico conseguiu permissão para cantar uma última vez, acompanhado de sua cítara. A música atraiu os golfinhos. Arion se jogou ao mar e foi transportado por um deles até a costa do promontório Tênaro.

— Para encontrar o Golfinho é preciso aprender a tocar essa música?

— É preciso aprender a forjar ritmos pessoais e a harmonizá-los com a melodia do universo, nas vibrações do cosmos. Mas o Golfinho não tem relação apenas com a água. Conta uma lenda que, durante um dilúvio, os golfinhos invadiram as florestas e se apossaram dos bosques. Porque, para a inteligência que unifica, em vez de dividir, não há ruptura entre a corporização da terra e a sensibilidade da água. As florestas guardam a lembrança do tempo em que os vegetais formavam uma língua sagrada.

— O próprio Dioniso não teve contato com os golfinhos?

— Piratas embriagados haviam amarrado Dioniso ao mastro do seu navio. Em seguida, eles caíram na água e se transformaram em golfinhos. Dioniso, cujo corpo foi dilacerado numa montanha e dispersado pelos quatros cantos do mundo, é a interpretação grega do Homem Cósmico que o Mestre de Obras reconstitui. Juntar as partes de Dioniso é impossível. É querer restringir o incomensurável. No entanto, é preciso uni-las pelo ritual, esse jugo liberador. Dioniso não puniu os marinheiros; concedeu a eles uma nova mutação.

— O Golfinho também é um irmão que me guia pelo caminho?

— Ele também o conduz à morte, de onde renascerá a sua vida. Vou lhe contar a história de Coeranus, o Bizantino. Coeranus viu um pescador que havia capturado uns golfinhos e preparava-se para matá-los. Ele comprou os animais e lhes devolveu a liberdade. Algum tempo depois, quando navegava entre Paros e Naxos, o navio de Coeranus naufragou e apenas ele foi salvo, por um golfinho, que o levou para uma caverna. Quando Coeranus morreu, seu corpo foi ritualmente queimado perto da margem, e os golfinhos se uniram para assistir ao funeral e prestar uma última homenagem ao seu protegido. O homem é capaz de "comprar" a sua liberdade ao reconhecer os verdadeiros valores naquilo que o cerca. Coeranus realizou um ato de conhecimento ao salvar os golfinhos. Os funerais pelo fogo queimam a individualidade perecível, o homem renasce sob o olhar vigilante da comunidade dos golfinhos que revelam os caminhos do Além.

— Quando os golfinhos ficam em volta do iniciado é para lhe transmitir as forças invisíveis que o mantêm no caminho reto?

— Eles fazem mais do que isso. Ao se recusar a renunciar a sua fé, Luciano da Antioquia foi martirizado na Nicomédia. Pouco depois, seguindo pelos caminhos de terra, um golfinho levou o corpo do mártir nas costas e o depositou aos pés dos discípulos, e ele exalou o último suspiro. O corpo do santo ficou perfeitamente estável nas costas redondas e escorregadias do golfinho, que zelou para que fosse preservada a fraternidade, o único vínculo imortal entre os homens que compartilham um mesmo ideal iniciático.

— Não havia uma luminária ritual em forma de coroa da qual irradiavam braços chamados de "golfinhos"?

— Do círculo do universo nascem luzes, sem cessar, que orientam o nosso caminho. O Golfinho dirige o nosso navio para um porto, assim que uma tempestade começa a se formar no fundo do mar. Por intuição, ele prevê os acontecimentos trágicos antes que eles ocorram e sabe fazer com que esses acontecimentos sejam evitados por aquele que o ouve. O Golfinho leva as almas dos bem-aventurados para as ilhas, onde elas conhecerão a beatitude eterna.

— O Golfinho não me ensina a sacrificar o que é materializante em mim, o que é inércia, o que me impede de me movimentar na água em total liberdade?

— O Golfinho é o senhor das águas do outro mundo, através das quais passa o iniciado para conseguir a purificação. O Irmão Golfinho leva você para o Oceano Primordial, de onde foram extraídas as águas dos céus e as águas da Terra; ele o leva para o lugar de universalização do ser.

— Os antigos egípcios chamavam o Oceano Primordial de "Nun". Para eles, era um foco de energia vibrante. Nele, os deuses estão eternamente; nele está a centelha energética que cria os mundos continuamente.

— Compreendeu por que a etapa do Golfinho é uma das mais delicadas? Você precisa atravessar oceanos de todos os tipos, depois o da energia primordial, até o da sua afetividade. No entanto, no coração dessa prova, o sorriso do Golfinho lhe fala: a salvação é sempre possível para quem a deseja de verdade. Desde que não permaneça na água e ouça a voz da Pomba.

14º grau

A Pomba ou a pureza renovadora

Da região das águas onde o Golfinho me havia ensinado a me movimentar, fui subitamente transportado para o ar, com o aparecimento de uma Pomba. Ela me incitava a me elevar acima do que eu havia acabado de viver.

— De nada lhe serviria conhecer um símbolo interior — disse Pierre Delœuvre — se não fosse mais além.

— A Pomba não é o espírito de Deus planando sobre o universo em formação? Essa ave trazia inspiração para os autores sagrados, lhes dava o significado dos acontecimentos que ocorriam "naquele tempo".

— Ela é a mensageira segura e rápida, que guia a barca da comunidade iniciática.

— Dizem que a Pomba sempre acha o caminho do pombal.

— Em outras palavras, o caminho do Templo. Ser fiel e puro não implica a submissão cega a uma autoridade arbitrária, e sim a capacidade de conservar, independentemente do que aconteça, o seu ponto de referência no espírito. Nos primeiros tempos da cristandade, uma pomba levava o fogo novo a Jerusalém, na véspera de todas as Páscoas. Quando diminui o desejo de conhecimento do iniciado, uma pomba surge para ele trazendo o dinamismo necessário para continuar a aventura.

— A Pomba não é a simplicidade, a inocência e a candura?

— Se essas palavras não fossem totalmente desprovidas de significado hoje em dia, você teria razão em usá-las. A simplicidade, que é receptividade ao divino, não deve ser confundida com estupidez cega. Para muitos, o "simples de espírito" é confundido com o idiota do povoado. Na linguagem dos Antigos, o simples de espírito era considerado um sábio que não mais opunha à vida um escudo individual. A pureza da Pomba é o fruto consciente dessa inocência humilde, resultado de um longo trabalho, de uma atenção constante ao universal que passa através de você.

— Mas essa humildade não é uma renúncia fácil?

— De modo algum. Humildade não é humilhação nem fraqueza, e sim um olhar voltado para o céu.

— As asas da Pomba não são essenciais? Elas trazem a graça do Espírito Santo.

— Ao olhar uma Pomba, Hugo de São Vítor pensou: "A pomba tem duas asas, assim como existem dois tipos de vida, a vida ativa e a vida contemplativa. As plumas azuladas das suas asas indicam os pensamentos do céu. As nuanças do restante do corpo, as cores variáveis que fazem pensar num mar agitado, simbolizam o oceano das paixões humanas."

— A vida espiritual do Ocidente, pelo menos desde o início da era cristã, oscila entre o claustro e a cidade. Em nós mesmos existe um conflito idêntico.

— Isso porque a nossa ordem social não mais se origina num modelo cósmico. Através dos períodos de terríveis caos, nós nos dirigimos para um novo estado de indiferenciação do qual, sem dúvida, sairão novas arquiteturas. Templos e catedrais são a ilustração de um trabalho das comunidades que ignoravam a separação entre o ativo e o contemplativo. Isso é o que deve ocorrer no espírito do iniciado que, pouco a pouco, ultrapassa as categorias arbitrárias que separam a meditação de sua ação.

— Se compreendi bem, a Pomba nos convida a unir as verdades do claustro e da cidade, a dar um só corpo a essas duas asas.

— É por isso que a esposa do Cântico dos Cânticos, uma das inúmeras expressões para designar a Mãe universal, tem olhos de pomba. O olhar dela contempla a ação divina, na qual a meditação e a realização estão indissoluvelmente ligadas. A alma que você possui se tornará Pomba à medida que se aproximar da luz. O olhar que nasce dessa aproximação ilumina o viajante e, ao mesmo tempo, o caminho.

— A antiga Mãe cósmica das tradições iniciáticas não desapareceu completamente. A Virgem Maria não era a Nossa Senhora que presidia a edificação das catedrais?

— Os gnósticos haviam preservado outro símbolo. Achavam que o Espírito Santo era de natureza feminina. Eles se lembravam de como funcionavam as antigas tríades divinas, nas quais uma polaridade "masculina" se unia a uma polaridade "feminina", dando origem ao Menino Jesus. Aspecto feminino do criador, a Pomba é a Pureza que recebe a mensagem divina com plena aceitação. Ela é comparável ao jarro que não derrama nem uma gota da água que recebe.

— Acho que essa Pomba é a suprema formulação da concepção egípcia do *ba*, a alma-pássaro que sai da tumba à vontade para alcançar o céu, voltando em seguida para dar vida ao corpo.

— Para desligar-se do mundo material sem deixar de espiritualizá-lo. A pedra preciosa do Graal evita a morte daqueles que a conhecem. Ela os conserva em eterna juventude. Cada Sexta-Feira Santa, uma pomba enviada por Deus deposita uma hóstia na pedra sagrada e renova as suas virtudes.

— Então, a pedra deve ser alimentada?

— O homem é uma pedra, ele se integra no seu devido lugar na cidade celeste que os Mestres de Obra tentam construir na Terra. Pedra viva, o iniciado precisa de um alimento especial que assegure o seu crescimento e o torne mais coerente, mais estável. Um dos segredos da Pomba é que a autêntica juventude reside na renovação incessante das nossas concepções.

— Antigamente, penduravam pombas de cobre esmaltado e dourado em algumas igrejas. O interior das pombas era oco e ali punham hóstias consagradas. Acho que esses objetos, hoje em dia esquecidos, não eram dissociáveis do cálice recipiente, o Graal.

— Portadora da substância divina, a Pomba renasce todas as manhãs e anuncia ao universo inteiro a presença do sol, cujos raios atingem o nosso coração. Durante o ritual, todos podiam interrogar-se sobre o significado dessa Pomba estranha.

— Existe um detalhe do qual não falamos. A Pomba segura no bico um ramo de oliveira.

— Os antigos sacerdotes usavam o ramo nos rituais divinatórios para detectar os presságios favoráveis. Sem ter nada de magia ingênua, eles tentavam compreender as pulsações e os ritmos do cosmos.

— De onde vinham esses ramos?

— Set o pegou depois de plantar um broto da árvore da vida na tumba de seu ancestral Adão. Ele almejava reuni-lo ao tronco da imensa árvore que liga o céu à Terra e que os iniciados identificaram com o Cristo. Ao transpor a etapa da Pomba, você dá mais um passo em direção à árvore florida, para nela se enxertar e encontrar a pureza das origens.

— Não diziam que o mágico, capaz de curar a si mesmo, podia ser comparado a uma pomba que carregasse um ramo de louro? A pomba doente punha no seu ninho uma folha de louro, suficiente para livrá-la dos males.

— Curar a si mesmo corresponde ao momento iniciático que vivemos. Ao se purificar, você busca no fundo de si mesmo a vontade que o livrará dos entraves e das "doenças". Os antigos reis, e o próprio Cristo, eram comparados a médicos das almas. Os pitagóricos diziam que o iniciador conhecia todos os remédios necessários para a saúde espiritual. Não se fie no aspecto encantador da Pomba. Ela lhe oferece uma das provas mais rudes. Você tem de sair do oceano dos pensamentos, da onda das energias sem, no entanto, perdê-los de vista, para levar, por sua vez, o ramo da vida para uma nova terra cuja localização ainda não conhece. Esse é um dos sentidos primordiais da pureza renovadora que o construtor toma conhecimento: saber deixar tudo sem renunciar a nada. Desde que o Elefante lhe conceda as qualidades dele.

15º grau

O Elefante ou a inteligência receptiva

Na minha frente estava o verdadeiro líder dos animais, segundo inúmeros textos antigos. Era ele que Jó denominava de "a fera das feras", o mestre incontestável do reino animal.

— Quando os egípcios queriam simbolizar um rei que evitava a loucura e a imprudência, eles pintavam o elefante.

— Sim — disse Pierre Delœuvre —, pois o Elefante propõe ao iniciado que ele conceba um novo modo de realeza. A grandeza do Elefante não é material. O seu papel de guia das outras espécies repousa em três qualidades fundamentais: inteligência, piedade e castidade.

— Todos reconhecem a inteligência do Elefante. Plínio, o naturalista, dizia que ele compreende a linguagem do lugar em que mora, venera os astros, honra o sol e a lua, compreende e tolera a religião dos outros.

— Várias funções são utilizadas: a capacidade de adaptação, a abertura do espírito e, sobretudo, a prática da tolerância. Na etapa "Elefante", é pedido ao iniciado que compreenda o pensamento do próximo sem impor o seu, apesar da força e da estabilidade que ele possui.

— Conheço uma lenda que diz que, movidos por um misterioso instinto, os elefantes arrancam os ramos das árvores das florestas em que vivem e os erguem com veneração para o céu, ao qual dirigem orações confiantes.

— Mediadores entre a Terra e o divino, os elefantes atingem uma primeira sabedoria. Isso se explica pelo amor que o Elefante tem pela instrução e pela reflexão. Ele se consagra de bom grado a longos estudos.

— Essa busca intelectual não envolve sérios inconvenientes?

— É verdade. De tanto usar o essencial da sua energia na meditação, o Elefante apaga, aos poucos, o fogo da sexualidade e acaba por não cumprir o seu dever de paternidade. Como a moralidade dele permanece inalterada, ele percebe o próprio erro e deseja continuar a raça. Mas, então, se dá conta de que não tem mais forças para procriar. Por sorte, os livros simbólicos lhe ensinaram a maneira de se redimir. Ele leva a companheira para o Oriente, não longe do Paraíso. Lá, ela colhe a mandrágora e a apresenta ao macho assim que o sol se levanta. O ardor do Elefante renasce. Ele se une à companheira e gera um único rebento, que, como o pai, desenvolve rapidamente a inteligência.

— Saber meditar é indispensável, mas não devo me subtrair do mundo exterior, permanecer num circuito fechado. Preciso, então, formular a qualquer preço o que sinto?

— Recriando-se no esforço de transmissão. Como o Elefante, volte-se para a fonte de luz, para o oriente, onde as faculdades intelectuais são regeneradas por uma visão mais global da vida em espírito. A fêmea que conhece o segredo da planta da vida oferece uma matriz à inteligência, permite que ela se encarne e dê frutos, marcados pelo selo da unidade.

— A tromba do Elefante me parece um elemento extraordinário. Os Antigos costumavam compará-la à mão do homem.

— A tromba marca uma primeira possibilidade de ação. O Elefante nos leva um pouco mais longe no caminho do homem realizado. Ele desenvolve a união da via especulativa e da vida operativa, já anunciada pelas asas da pomba.

— Nos *Bestiários*, fala-se muito do Elefante. Na Índia, os peregrinos viram elefantes tão grandes que confundiram com montanhas. Eles notaram detalhes incríveis. Como o elefante não pode dobrar as pernas, ele não consegue se levantar quando cai. Por isso, para descansar ou dormir, ele se apoia no tronco de uma árvore. Quando o caçador percebe isso, faz um grande corte nessa árvore e o dissimula. Depois, se esconde, enquanto espera o retorno do animal, que volta para descansar na mesma árvore. Ao se apoiar nessa árvore, o elefante cai com ela. Se não aparece ninguém para tomar posse do animal, ele começa a gemer. Seus apelos tornam-se estridentes. Então, outros elefantes se aproximam e soltam gritos, que atraem outros elefantes. Todos eles, grandes e pequenos, num admirável entendimento, conseguem levantar o irmão e evitam que ele morra. Tudo isso significa, acho eu, que o iniciado pode cair no caminho e é incapaz de se recuperar dos seus erros. O que pensar da guerra dos elefantes contra os dragões? Estes podiam estrangular os elefantes nos seus retiros; atacavam a fêmea do elefante que paria num rio.

— O Elefante representa o batismo iniciático. A fêmea era comparada a Maria, que levava nela o Verbo encarnado. Olhe novamente a escultura. Nenhum detalhe lhe chama a atenção?

— A orelha — respondi, depois de um longo momento de observação. — O Elefante tem uma orelha humana. No Egito, o simbolismo dessa parte do corpo estava relacionado à onisciência do Criador. Penso nas estelas decoradas só com orelhas e dedicadas ao deus Ptah.

— O que talvez o surpreenda é que a orelha tem ligação com a luz. Há uma lâmpada para cada orelha, uma luz mais ou menos intensa, conforme a abertura do nosso "ouvido" ao sagrado.

— Agora compreendo melhor um antigo provérbio: "A imagem de uma orelha significa um trabalho que virá."

— Você só poderá começar a agir se abrir o ouvido para a voz do seu Senhor interior.

— Nos *Evangelhos da Infância,* é relatado que o Verbo penetrou na Virgem pela orelha. A natureza do corpo dela foi, assim, santificada e ela foi purificada como o ouro no fogo.

— O Concílio de Niceia, sem falar dos outros, condenou aqueles que transmitiam esse mito esotérico. Entretanto, antigamente não líamos no missal: "Regozije-se, Virgem mãe de Cristo, que concebeu pela orelha"? Como vê, as transmissões iniciáticas têm uma vida difícil. Mas nem mesmo os dogmas, mil vezes repetidos, conseguiram ocultá-las definitivamente.

— A orelha do grau iniciático "Elefante" me parece ser a receptividade à grande inteligência, a inteligência da natureza.

— Longe de ser passivo, você prepara o seu interior para receber o Verbo numa etapa posterior.

— Por que essas representações nos capitéis, em que se vê um elefante carregando nas costas grandes torres ou cargas pesadas?

— O Elefante indica que a nossa receptividade, que deve suportar o peso da obra, não pode ser frouxa e passiva. O Elefante entrega aos iniciados as chaves da meditação tal como ela é concebida pelos construtores das catedrais. Não é um sonho fugidio ou um preguiçoso fechar-se em si mesmo, e sim a preparação das bases do templo futuro. Você precisa adquirir essa qualidade para enfrentar a Serpente que o espera no caminho.

16º grau

A Serpente ou a inteligência ativa

— O mal. A encarnação do Diabo. A Serpente. Um face a face com o réptil que jogou o homem na desgraça.

— Não acredito nisso — disse eu.

— Em quê?

— No fato de a Serpente não passar de uma inimiga. A famosa cena do Gênesis deformou a tradição primordial.

— Muitos dos símbolos incompreendidos acabam adquirindo significados negativos, como se, sistematicamente, lançássemos nas trevas as ideias essenciais que contêm. Aqui, o homem ergue a Serpente que ele segura na mão. Ele a domina, a subjuga e já não teme o mal.

— Na Epopeia de Gilgamesh, o herói conseguiu descobrir a planta da vida, que lhe permitiu conquistar a imortalidade e obter um novo nome: "velho-homem-rejuvenescido." Porém, quando se banhava num poço, uma serpente, que havia sentido o cheiro da planta, saiu silenciosamente da terra. Ela roubou a planta. Imediatamente ela se livrou da sua pele antiga.

— Como você mesmo pôde constatar, a Serpente completa o renascimento. O herói conhece o segredo, obtém um novo nome, mas o deus-réptil realiza a mutação.

— No Egito, a serpente era muitas vezes identificada com Atum, o grande deus criador que revela a luz. Quando se fala a respeito da organização do mundo, a Serpente é sempre citada. Ela é considerada como o pai dos pais de todos os deuses. Ela é uma espécie de linha viva, animada, que passa por todas as coisas.

— Você chega assim à Serpente cósmica. Ela envolve a Terra e seus recônditos, ela a protege. Na origem dos tempos, há uma deusa-serpente. Ela começou a ser antes dos seres.

— Isso me lembra a "grande Mãe", a que era reconhecida por todas as associações de construtores, do Egito à Idade Média. Por ela sou motivado por uma imensa esperança: conhecer a mim mesmo num mundo que não é mais caótico, informe, e sim nutrido por uma força imortal. Dizem as lendas que a Terra é rodeada pela serpente do universo.

— A Serpente que os reis do Egito traziam na fronte era uma forma dessa deusa?

— Era uma serpente de fogo. Encarregada de afastar os inimigos do caminho do rei.

— Ela encarnava a inteligência intuitiva que sai da fronte do Homem real. É essa qualidade que é primordial aprender com a Serpente.

— Nem os próprios cristãos desdenharam totalmente a serpente. Tertuliano foi obrigado a reconhecer que o réptil, ao sentir os efeitos da velhice, entrava numa caverna e dali só saía depois de se livrar da pele enrugada.

— Seu colega, Agostinho — observou Pierre Delœuvre —, havia frequentado ambientes iniciáticos. Ele relatou que a serpente expõe todo o corpo àquele que a persegue com golpes e que visa, sobretudo, a cabeça, que ela sempre tem o cuidado de esconder. Para ele, isso explica a palavra do Senhor, quando nos recomenda imitar a prudência desse animal. Jesus Cristo é a nossa cabeça, o nosso chefe. Todos os anos, reclusa num refúgio apertado, a serpente se livra da pele velha e readquire novas forças. O voto essencial é assim expresso: que saibamos nos livrar do homem velho para nos revestir do novo, que passemos pela porta estreita.

— Li, nas antigas coletâneas simbólicas sobre os animais, os conselhos dados aos peregrinos. Se ele passar por um caminho agreste e encontrar uma serpente adormecida, não conseguirá matá-la se, ao bater nela, poupar a cabeça. Um único golpe de bastão na cabeça e a serpente morrerá. Pois é na cabeça que reside a sabedoria da Serpente.

— Também cabe a você preservar a sua cabeça, imagem do templo interior. A Serpente tentadora teme apenas o homem nu, aquele que se despiu dos artifícios, dos subterfúgios. Cabe a nós adquirir a sagacidade da Serpente, que sabe se regenerar.

— A Serpente possui uma arte especial para conservar esse poder?

— Ao ficar velha, a Serpente não pode mais ver. Querendo rejuvenescer, ela ganha coragem. Não come nada durante quarenta dias e quarenta noites, até que a pele amoleça. Depois, quando encontra uma fenda estreita numa pedra, ela entra por ali, deixando para trás a antiga pele.

— Mas e o veneno?

— A Serpente deposita o seu líquido venenoso numa gruta ou num buraco qualquer quando quer beber a água de uma fonte, para apaziguar a sede. Você deve agir do mesmo modo se deseja participar da vida de uma comunidade capaz de matar a sua sede. A quem se aproxima do templo, é pedido que expulse todo o veneno do corpo, quer se trate de seus ódios, desprezos ou invejas.

— Se eu conseguir me livrar da pele venenosa do antigo homem, a serpente maléfica fugirá de mim. E é a outra Serpente, a da ciência hermética, que me guiará.

— É o que lhe desejo, mas prepare-se para um duro combate. Assim que pressentir em você a volta do antigo homem, retire-se para a caverna das transformações. Se o seu desejo espiritual continuar intacto, apesar das provas quotidianas, você será capaz de ir até a fonte.

— Estamos bem longe da serpente tentadora.

— A Serpente é irmã do Elefante. À inteligência receptiva se junta a inteligência ativa. Mas tome cuidado, pois essa é uma das maiores tentações. Inteligência não significa habilidade mental, capacidade de acumular saberes ou conhecimentos, e sim abertura do espírito para o Conhecimento. E, sobretudo, vontade de reunir o que está espalhado. Nesse estágio, você recebe essa capacidade. Desde que não pereça pela Espada.

17º grau

A Espada ou a percepção do eixo da luz

— É para isso que serve a percepção das duas inteligências? Para que o homem encontre a espada?

— É — respondeu Pierre Delœuvre —, pois ela é detentora do eixo mediano que resolve a dualidade dos dois gumes. Meio justo e não justo meio!

— A verdadeira justiça?

— Hoje em dia, o termo "justiça" é tão desprovido de significado que o vocábulo justeza, no caminho iniciático, o substitui com vantagem. Uma justeza que é relação dinâmica entre o ser e seu princípio.

— Essa espada é o instrumento que nos permite praticar a justeza?

— Um episódio da Busca do Graal está diretamente relacionado à figura de pedra que você contempla. Numa das suas viagens, Lancelot foi obrigado a passar por uma ponte que era formada do fio de uma espada. A vida humana é comparada ao gume, cercado por dois abismos profundos nos quais o cavaleiro que não tiver equilíbrio encontrará a morte. De um lado, a vaidade do indivíduo que pensa ter atingido o auge da espiritualidade. Do outro, a apatia e a fraqueza daquele que teme iniciar o caminho. A trilha do meio é a da iniciação.

— A Espada serve para se defender e para atacar também. Sem ela, eu não poderia vencer os agressores.

— A Espada simbólica atravessa o adversário sem ser manchada de sangue. Ela não separa no sentido de uma irreparável divisão, pois o corpo do inimigo permanece intacto. A Espada é feita de ferro celeste e serve para cortar nossas imperfeições, nossas associações mentais desarmoniosas. Quando falava das três espadas do sábio, Tchuang-tseu distinguia as armas que iluminam e as que ferem. "O que é a espada do Filho do céu? Não há nada que resista a ela quando se dá uma estocada; nem acima dela quando a erguemos, nem abaixo dela quando a abaixamos, nem ao lado dela quando a brandimos. Essa espada fende no alto as nuvens flutuantes e rompe, embaixo, a trama da terra."

— Portanto, essa Espada serve para que eu permaneça coerente no meu combate?

— Observe a lâmina e o guarda-mão. Eles formam uma cruz. Organize o seu espaço interior como o herói que enfia uma espada na terra, com a ponta para cima, depois salta e fica na horizontal, com o peito na ponta da espada, sem se ferir.

— Pela Espada, tornar-se uma cruz em ação, uma cruz que se move ao sabor do desejo de quem a possui.

— Segurar a espada é empunhar um raio de luz. Segundo os cruzados,[13] a lâmina era um fragmento da cruz iluminadora.

— Isso porque a espada era, também, a palavra. Não existe um selo templário no qual a espada é circundada de chamas? Mas, usar essa Espada me parece difícil! Ela precisa de uma percepção da luz tão aguçada quanto o gume da arma.

— O homem que vive o seu desejo de Conhecimento já se serve dessa Espada de luz. Ele torna consciente a sua verdadeira natureza. Você se lembra da grande pedra talhada, no meio de uma praça, encimada por uma bigorna de ferro com uma espada cravada até a empunhadura? O arcebispo, avisado dessa anomalia, aproximou-se dela com água benta. Ao se abaixar para aspergir a pedra, ele leu as palavras que diziam: aquele que retirar essa espada será o rei escolhido por Deus. E a espada lançava tanta claridade quanto duas velas acesas.

— O que devemos compreender é que esse rei seria aquele que realiza o ato correto no momento certo?

— Pôr a Espada nas mãos de um construtor significa fazer com que ele faça a pergunta essencial sobre a obra iniciática, ou seja, fazer com que ele descubra a pedra angular do edifício. Com o conhecimento da

[13] Os cruzados são os expedidores das Cruzadas. (N. T.)

Espada, você introduz na sua consciência um eixo de luz, uma retidão indispensável para viver a sua iniciação. É pelo caminho da Espada que você atingirá o templo da Lua.

18º grau

A Lua ou a receptividade consciente

— Com a Lua — disse Pierre Delœuvre —, termina a primeira parte da sua viagem iniciática. O construtor faz uma recapitulação dos estágios espirituais atravessados e percebe que percorreu um longo caminho no qual as suas forças e a sua vontade foram postas a uma dura prova.

— A Lua é o momento dessa constatação?

— Não é só isso. Ela marca uma nova etapa. O que diziam os egípcios sobre a Lua? — perguntou ele com um brilho malicioso no olhar.

— A Lua está ligada ao deus com cabeça de íbis, Toth. Grande mestre dos hieróglifos, que eram as palavras reveladas pelos deuses, Toth tinha funções diversas. Era ele quem ensinava a profissão aos jovens escribas. Registrava os rituais nos grandes rolos de papiro. Segundo uma antiga lenda, o Sol teria criado a Lua para substituí-lo durante a noite. Depois de maduras reflexões, ele teria confiado a Toth a guarda do astro noturno.

— A Lua é receptividade fecundadora, assimilação progressiva do cosmos. A Lua não se limita a refletir a luz do sol, ela a transforma em função da sua própria natureza. Igual ao construtor que recebe os ensinamentos de seus mestres e não se comporta como um papagaio. Ele tinge os símbolos que lhe foram dados com a cor da sua alma. A Lua não é submissa ao Sol, o que existe é uma complementaridade necessária à vida.

— Um belíssimo texto egípcio, o *Livro da Vaca do Céu*, faz alusão ao papel misterioso da Lua, representada pelo deus Toth. Irritado com a ingratidão da humanidade para com ele, o Sol decide destruí-la e envia contra ela uma deusa ávida por carnificina. Diante da enormidade do desastre, o Sol volta atrás na decisão e consente em salvar alguns homens que escaparam das presas da enfurecida leoa Sekhmet. Mas ela já não escuta os conselhos de moderação. Cabe a Toth encontrar o estratagema para acalmar a fúria do animal. Ele manda preparar uma beberagem à base de plantas e a espalha em toda a superfície da Terra. Como a beberagem é vermelha, a leoa a confunde com o sangue das vítimas e se sacia com ela. Em pouco tempo, ela fica embriagada e desperta sem ódio. Toth-Lua desempenhou um papel de mediador. Sem recusar a necessária punição imposta pelo Sol, ele cuidou para que essa punição não fosse além dos limites; caso contrário, seria uma catástrofe.

— Quando atravessa a porta da Lua, o construtor se prepara para viver plenamente o seu destino espiritual. O astro concretiza o ideal que guiava os seus passos. A Lua fixa as decisões do céu e da Terra. Ela entrega o julgamento dos construtores reunidos para examinar o candidato.

— Existe uma parte de fatalidade nesse julgamento?

— Nossos pais não tinham a vaidade de pensar que o homem escapa de todo determinismo. Mas também não acreditavam numa predestinação rigorosa. O homem material e o homem animal estão efetivamente submetidos à lei do cosmos. Mas aquele que deseja realizar-se escapa dos grilhões do condicionamento.

— Nessa fase do ritual, o aparecimento da Lua é um presságio favorável?

— Santa Juliana, priora do mosteiro de Mont-Cormillon no século XIII, viu uma Lua brilhante e clara, mas com uma parte que continuava negra e escura. Cristo apareceu para ela e explicou que a Lua simbolizava o ano litúrgico. A parte negra marcava a ausência de uma festa para glorificar o Mestre celeste; festa essa que deveria ser instituída para que o ano fosse pleno e completo.

— Então, a Lua equivale ao conjunto do ritual iniciático?

— Equivale a toda a primeira parte do ritual que você acabou de viver. Você se conscientizou de que os símbolos vistos ao longo do caminho não estão dispersos. Você sentiu as ligações que existem entre eles.

— A Lua está ora crescente, ora decrescente. Ela dá mais ou menos impulso ao viajante.

— Dois aspectos indissociáveis. Quem separar a vida material da vida espiritual, esquecendo-se de prolongar uma na outra, não vai longe no caminho iniciático. Aquele que é confrontado com o julgamento da Lua é obrigado a escolher. Ou apregoa as suas teorias pessoais de maneira satisfatória e recusa as apreciações que a confraria faz a respeito dele. Ou deixa as suas pretensões na porta do templo e tenta tornar-se um mestre na sua profissão.

— Conhecer a mensagem da Lua é saber que podemos nos perder, mesmo nesse estágio do caminho. Porém, onde podemos encontrar a voz que nos guia? É realmente a voz da Lua?

— A Lua é comparada a uma barca ou a uma arca em movimento que contém os mistérios divinos e os segredos dos primeiros homens que viram as origens do mundo. O templo do deus-Lua era uma cidade proibida aos profanos. Nele só entravam os sacerdotes e os reis.

— A Lua tem algum outro significado? Ela não é a manifestação da comunidade dos construtores, dos seus segredos e das suas leis?

— Sim, mas é uma imagem que continua a ser noturna. O postulante não distingue claramente os rostos dos construtores, disfarçados pela penumbra lunar. Você sabe como deverá falar com a Lua? Faça a sua palavra navegar no céu e no vento, deverá dizer a ela, e que a bebida e a comida se multipliquem nos países; faça a sua palavra depositar na Terra a planta da cidade celeste. Nessa função, é ela que distribui a vida.

— Como os leões dos templos antigos que vertiam as águas do céu!

— Pela sua ação, o Leão alimenta a raiz das coisas, mantém a luz oculta.

— Como encontrar pistas do Leão?

— Quando ele desce da montanha para o vale, se o seu faro revelar a aproximação do caçador, ele apaga com movimentos da cauda todos os vestígios da sua passagem. Ele nunca será aprisionado, nem o espírito das nossas confrarias. Não espere amansá-lo ou enganá-lo.

Apresente-se a ele na sua verdade. É a sua futura realeza que está em jogo. Esse segundo Leão é um duro guerreiro, mas leal. Ele é alado porque traz uma mensagem celeste, a mensagem do Anjo.

19º grau

A passagem da Lua para o Sol

— Agora, você chegou ao ponto mais crítico. Como vê, existe uma nítida ruptura entre o mundo que termina na Lua e o que começa no Sol.

— É preciso passar de um muro para outro, atravessar um vazio.

— Depois de fazer sua primeira tomada de consciência, você compreendeu que, sozinho, não conseguiria se construir segundo as leis divinas. A introspecção lhe revelou as suas qualidades em potencial e você decidiu seguir, resoluto, pela via da evolução iniciática. Atravessou vários graus nesse caminho. Os símbolos não permaneceram letra morta para você. Ao trabalhar na sua pedra interior, aos poucos você se livrou dos condicionamentos e dos entraves que impunha a si mesmo. Os enigmas que se escondiam sob as figuras de pedra fizeram ouvir as suas vozes.

— Sem poder formular de maneira exata o que compreendi e senti, creio que ocorreu algo de essencial. A minha visão de homem e de mundo não é mais a mesma. Talvez porque não me considero mais o centro de todas as coisas. Mas onde está esse centro, onde está esse conhecimento que fará de mim um homem real?

— Os meios lhe foram propostos, as suas rotas foram traçadas. Mas o supremo conhecimento foi apenas esboçado. Você terminou o ciclo dos pequenos mistérios, das revelações que lhe dão a possibilidade de viver certa harmonia. No entanto, a voz dos símbolos já lhe ensinou que existem grandes mistérios; que é preciso ultrapassar o "eu", atingir uma harmonia mais ampla.

— Neste ponto da minha aventura, sinto que a catedral, templo de pedras, é fruto de um outro templo, formado de pedras vivas: a comunidade dos construtores. Acredito também, sem dúvida com muito orgulho, que a minha vontade de conhecer as razões vai evitar que eu volte a cair em certas rotinas. Tenho certeza da minha vontade de ir mais longe.

— O que se exige de você é proporcional às suas próprias exigências. Agora você precisa dar um "salto" decisivo, passar da Lua para o Sol, deixar definitivamente a aparência para entrar de modo direto na realidade, sabendo, com antecipação, que as futuras provas serão mais difíceis do que as da primeira parte do percurso. Você ainda pode retirar-se.

— Eu fiz um juramento e estou disposto a correr todos os riscos. Quero descobrir a nova via que está no fim do caminho.

— Já que você deseja, vamos passar para o outro lado do pórtico, para o outro lado da via iniciática. Mas, antes, há algo muito importante a fazer.

— Estou preparado, volto a repetir.

— Oh, relaxe. Eu estava só me referindo a um bom almoço.

Deixamos por uma hora o pórtico da iniciação. Pierre Delœuvre me apresentou um amigo, dono de restaurante, que nos aqueceu o corpo e a alma com uma consistente refeição, regada com boa bebida. Quando chegou a hora de retomar a caminhada, eu me sentia cheio de força, preparado para enfrentar o frio e o vento.

Os grandes mistérios
Do Sol à Árvore florida

20º grau

O Sol ou a criação atemporal

— É com o Sol — disse Pierre Delœuvre — que se abre o caminho dos grandes mistérios.

— Ele não é a fonte de calor que mantém a vida, a claridade que ilumina o mundo?

— Ele é a fonte de luz, mas também esconde certas luzes que os olhos não percebem. Nos foi ensinado que o Sol passava acima da Terra, seguindo uma linha reta que se prolongava infinitamente e que não descrevia um círculo. O Sol de um dia não volta nunca. Ele é diariamente substituído por um novo Sol.

— Essa é uma concepção egípcia — observei. — O astro, totalmente renovado, é posto no mundo todas as manhãs pela vaca celeste.

— Você realmente acredita que se trata do Sol material, do disco concreto? Não acha que existe um outro Sol, invisível, princípio e pai de todos os sóis visíveis?

— Aquele do qual se dizia que era senhor do universo, graças ao qual nasceram todas as formas de vida? Aquele que é preciso fazer nascer no nosso coração?

— Esse nascimento do Sol secreto corresponde ao momento do ritual em que acendemos uma tocha na noite. Os Antigos achavam que os homens capazes de contemplar a realidade dos grandes mistérios viam o sol à meia-noite, nas trevas mais profundas. Para eles, a noite era tão iluminada quanto o dia.

— O iniciado pode realmente vir a ser um novo Sol?

— Assim, dizia Hermes, a eternidade é a imagem de Deus, o mundo, imagem da eternidade, o Sol imagem do mundo, o homem imagem do Sol. O primeiro passo da grande viagem é pôr no mundo o homem-sol que ilumina o próprio caminho.

— É por isso que Cristo, assim como os faraós e os grandes reis das tradições sagradas, era comparado a um sol nascido de uma estrela, a um sol que nunca se põe.

— Do Sol, um raio surgiu. Essa foi a criação do espírito.

— Os raios do Sol venerado pelo faraó Akhenaton terminavam em mãos, para melhor assinalar a ação da luz.

— Na sua noite interior cresce um Sol que você tem de fortificar pela compreensão dos símbolos.

— Devo pensar que meu corpo não é apenas um corpo, mas também um santuário no qual o Sol poderá entrar?

— Não o seu corpo, mas o da confraria. Apenas ela dispõe de uma consciência verdadeiramente intuitiva, que se alimenta de um fogo inteligente, de um Sol de verdade. Os mitos nos ensinam que o bom andamento da realeza está ligado ao funcionamento harmonioso do Sol dos sóis. O rei-sacerdote, pastor dos homens, faz a ordem do cosmos viver na Terra. O Sol que ele encarna é uma fornalha sempre em atividade, pois permite ao rei velar pelo desabrochar dos seres.

— A criação de um Sol interior... Isso me faz pensar no canto do harpista, quando ele faz alusão à luz. É o devir que ouve a sua voz, é o criador que lhe responde. Um Sol brilha no peito dele, iluminando seu templo interior. Os ventos o purificam, ele pode contemplar o Sol.

— É efetivamente isso o que ocorre no nosso ritual.

— Dizem que aquele que vive da luminosidade do Sol caminha em paz nas águas e se une ao brilho dos bem-aventurados.

— Com a etapa do Sol, o iniciado desperta para o seu dever de liberdade. Vivendo de acordo com a regra de ouro, ele começa realmente a trabalhar no seio da confraria. Agora, ele vai precisar de uma qualidade difícil de praticar: a Temperança.

21º grau

A Temperança

— Um homem que derrama o líquido de uma vasilha para outra. Parece que ele controla o fluxo para que nada do conteúdo se perca.

— O nome por trás dessa figura simbólica — disse Pierre Delœuvre — é "Temperança".

— Foram feitas várias estátuas sobre ela. Eu já vi no tarô. Mas qual é exatamente a natureza do líquido? Por que a Temperança aparece depois do Sol e da Lua?

— Não preciso dizer que essa Temperança não é a sobriedade das pessoas razoáveis.

— No entanto, certa ascese não é inútil. Qualquer excesso acaba por nos deteriorar e nos faz perder o equilíbrio quotidiano, sem o qual nada é possível.

— Você não faz mais do que relatar evidências. A Temperança vai além do âmbito de uma simples moral prática. Ela o convida a não se deixar invadir pelos fenômenos, a não reagir a qualquer estímulo externo e se "segurar com os punhos", a garantir o governo da sua própria vida. Ao fazer um jejum das aparências, você terá acesso à própria realidade.

— Por um verdadeiro domínio de mim mesmo?

— Mais do que isso. A Temperança o convida a beber. A beber um licor puro, como diziam os alquimistas, uma bebida que sai da fonte da sabedoria.

— O líquido que escorre entre as duas vasilhas não é o da energia vital?

— Harmonize em você a ação das duas vasilhas, o mais e o menos, essa energia que circula eternamente entre os dois polos. Essa é a síntese autêntica. Não é o resultado de uma soma, e sim o Um e o três. A Temperança introduz o espírito na matéria. Restabelece a ligação entre todos os aspectos dispersos da sua personalidade. O que é derramado num fluxo generoso é a energia da vida, a expressão da sabedoria.

— Você me pede para espiritualizar a matéria e encarnar a espiritualidade no mesmo instante e no mesmo gesto?

— Nenhuma ideia em si mesma está em cima ou embaixo. O essencial é o movimento incessante de uma vasilha para outra.

— O "solver" e o "coagular" alquímicos, juntar e dispersar, dispersar e juntar.

— O principal é realizar o movimento entre os dois. A única luz do universo se dissociou em Sol e Lua. Eles são os dois olhos do Criador. Mas é um olhar único. Você, por sua vez, também deve tecer uma rede de luminosidade.

— Ou seja, pela Temperança é possível equilibrar essa dupla irradiação. Se é que entendi bem, a Temperança é o caminho que leva à descoberta do terceiro olho?

— Àquele que está em cima, disse um dos nossos mais caros Mestres, dizemos: desça. Àquele que está embaixo, dizemos: suba. Se você estiver embaixo e eu quiser habitar em você, é preciso que eu desça. É isso o que faz o Criador. Se se tornar humilde, o Criador desce da morada em que vive e se instala em você. A Terra é o que há de mais afastado do céu. Ela encolheu em si mesma, queria escapar do céu. Mas onde ficar? Se ela fugir para baixo, chega ao céu; se fugir para cima, também não escapará. Por quê? Olhe a figura de pedra, olhe a Temperança: por esse motivo é que o que há de mais alto se derrama no que há de mais baixo. O que estava no alto torna-se interior.

— Portanto, as duas vasilhas da Temperança são o Sol e a Lua. Porém, dizer que o Sol é ativo e a Lua, passiva me parece estéril.

— Pela Temperança, o Mestre de Obras ultrapassa essa dualidade. Ele põe as luzes numa proporção, de acordo com a lei do Número de Ouro, que foi ensinada a você ao passar pelas Máscaras. Além do mais, como você poderia rejeitar o dia em favor da noite, ou a noite em favor do dia?

— Qualquer escolha arbitrária me levaria à ignorância.

— A ignorância... Ela sempre está a nossa espera nos meandros do caminho. Vamos interrogar o Homem com a venda nos olhos.

22º grau

O Homem com a venda ou a contemplação interior do sagrado

— Vejo um homem com os olhos vendados, a mão esquerda apoiada no joelho esquerdo e a mão direita erguida num gesto de sacralização e de consagração. Não é um gesto realizado normalmente por um bispo?

— O que você acha? Acredita que a intenção do escultor era zombar do poder eclesiástico, representando um falso bispo, incapaz de ver as realidades deste mundo?

— Neste estágio do caminho, isso não teria nenhum sentido.

— Nossos pais não faziam uma crítica gratuita. A festa dos loucos e os rituais análogos, estupidamente qualificados de "licenciosos", ocultavam ideias profundas. Eles se integravam numa liturgia global que resumia todos os aspectos do ser humano. O construtor da Idade Média sabia rir. Ele enfatizava, com uma inspiração inigualável, todos os nossos defeitos. Aqui, trata-se de outra coisa.

— Por que, agora, a venda cobre os olhos do iniciado?

— Essa venda não é um véu opaco. É igual à antiga mitra, uma faixa presa por cordões em volta da fronte e que não tinha por objetivo tapar a visão.

— No *Livro dos Mortos*, encontramos palavras estranhas, pronunciadas pelo iniciado para continuar vivo no império dos mortos. Ele se dirige à porta que ainda o separa dos filhos da luz e explica que essa porta tem poder graças à venda.

— Aqui, é a porta da vida espiritual que possui uma venda e permite que você transponha mais um estágio. E o que acontece com o iniciado do Egito depois de transpor essa porta que ainda o separava da comunidade?

— Ele cinge uma faixa cujo nome é "Conhecimento". Ela é brilhante, resplandecente e é proveniente do Oceano das possibilidades. A faixa é amarrada na sua fronte, para que ele possa iluminar as trevas que vai encontrar.

— Você mesmo constatou, usar essa faixa era privilégio do homem que queria viver a realeza do espírito. Aqui, o gesto de consagração indica precisamente que estamos diante de um iniciado que já passou por várias etapas no caminho do conhecimento. A ele se aplica a passagem do ritual: "Recebi a minha coroa, a faixa da coroação, ocupei o trono no lugar do meu pai."

— O deus Baco é frequentemente representado com uma faixa na testa. Os autores antigos diziam que a faixa era a origem do diadema dos reis. Ela também cingia a fronte dos sacerdotes hebreus e a dos sacrificadores etruscos. Nós a encontramos por todo lado na tradição.

— Vou ensinar-lhe uma coisa ainda mais estranha. Num relato armênio sobre a infância de Jesus, está escrito que, de volta ao Oriente, os Magos lançaram ao fogo o cueiro do filho de Deus. Quando o fogo apagou, eles retiraram o cueiro, branco como a neve e mais resistente do que antes. Eles o beijaram e depois o colocaram nos olhos! Na verdade, diziam eles, era a roupa do Deus dos deuses.

— A faixa de pano passou pela prova do fogo e, então, foi oferecida aos três reis. Isso significa que, por intermédio dessa faixa, eles relembraram as verdades descobertas na viagem em direção à estrela?

— O próprio Cristo teve os olhos vendados. "Quem lhe bateu?", perguntaram os algozes, achando que ele não enxergava. Assim também, todo iniciado é vendado antes de receber a luz.

— Mas por que é preciso ser privado da visão num momento tão importante?

— Quem disse que essa venda privaria você da visão? Basta o Mestre colocar as mãos sobre os olhos para que comecemos a ver, não as coisas que vemos, e sim as que não vemos. Que, assim, ele nos revele o olhar do coração.

— Fazer nascer uma outra visão...

— Ao usar a faixa como uma porta de luz, você fecha os olhos para a curiosidade superficial. Algumas ordens religiosas não se esqueceram disso. A venda de pano que os monges usam para meditar é um dos acessos às realidades atemporais.

— Hoje em dia os olhos vendados só são atribuídos à sorte, com os cartazes publicitários.

— Apesar desse aspecto deturpado, essa iconografia vem do antigo fundamento simbólico de que o Destino tinha os olhos vendados, pois não se preocupava com as questões humanas. Fiel às próprias leis, ele atingia tanto o rico quanto o pobre, distribuindo a felicidade e a desgraça, sem levar em consideração nossas preferências. O cosmos não precisa dos homens. Somos nós que estamos no cosmos, que devemos conhecê-lo para sair das cadeias do Destino.

— A perda da iniciação, a venda que a nossa sociedade moderna põe nos olhos não o preocupa?

— A iniciação não está perdida. Ela é negligenciada em razão das circunstâncias. No futuro, será mais conhecida; os ciclos do tempo farão esse trabalho. Mas não se preocupe com o local nem com a hora. Ponha a venda nos seus olhos para tapar o que é inútil e superficial; revele ao seu olhar interior as qualidades que servirão para ir em frente. Com os olhos fechados para a ignorância, explore o seu olhar interior como um mundo novo. Faça uma autêntica introspecção, reconstitua o que estava disperso no exterior. Então, você verá o Pelicano aparecer.

23º grau

O Pelicano ou Fé, Esperança, Caridade

— O Pelicano nos prenderá por muito tempo — disse Pierre Delœuvre. — Ele nos convida a penetrar nos símbolos e mistérios que sempre escaparam ao nosso espírito.

— É um sinal de desespero diante dos nossos limites?

— Certamente não! É exatamente o contrário. Uma vez que o nosso espírito é limitado, vamos ultrapassar esses limites, sabendo que o mistério continuará a ser mistério para a nossa mente. Mas é possível viver o mistério e é isso o que importa. Ninguém jamais poderá explicar a vida e, no entanto, nós a vivemos. O que o Pelicano diz a você?

— Ele foi o símbolo da caridade. Mas, ao pronunciar esse termo, tenho a impressão de dizer alguma coisa oca, vazia.

— A palavra foi esvaziada da sua substância, mas a realidade iniciática permanece. Faremos os desvios necessários para irmos além da palavra.

— O Pelicano... é sobretudo um dos mais antigos símbolos da humanidade. Eu o conheço graças aos *Textos das Pirâmides*, o ritual de ressurreição dos faraós do Antigo Império. O mago se dirige à terra. Pede que ela engula os monstros que produziu, porque a majestade do Pelicano foi por água abaixo. Para trás, grita o mago diante da serpente que surge: esconda-se! Não venha para o lugar onde estou, fuja, rasteje! A majestade do Pelicano caiu no Nilo.

— O que você entende desses estranhos relatos?

— O pássaro cai na água e se afoga: é o deus Osíris assassinado pelo irmão Seth. Durante um banquete, Seth pediu a Osíris que deitasse num caixão para verificar se ele era realmente tão alto quanto diziam. Osíris aceita. Assim que ele se deita, Seth e seus acólitos fecham a tampa e jogam o caixão no Nilo.

— Um Nilo que não é o rio terrestre.

— Não, o rio que dava vida ao Egito e fazia frutificar a terra não era apenas um curso d'água. Ele refletia o rio do céu, a via láctea. Assim, os egípcios possuíam, ao alcance das mãos, um reservatório de energia que vinha do céu.

— Segundo você, jogar o Pelicano nas águas significa lançar Osíris prisioneiro nos céus. Essa queda não é a morte, e sim uma passagem indispensável para uma regeneração.

— Eu me lembro de outro texto gravado nos sarcófagos do Médio Império egípcio. O mago se identifica para o Pelicano que acabou de alimentar a ninhada com a sua própria carne. O extraordinário é encontrar a mesma lenda tantos séculos depois, na Idade Média.

— O tempo e os profanos procuram fazer desaparecer a ninhada do Pelicano. Por vezes, a explicação que dão é de que se trata de um pássaro indigno, que massacra a sua própria descendência. Calúnia e mentira não conseguem nada contra a verdadeira natureza do Pelicano.

— Uma natureza real?

— Como sabe?

— Conheço um texto que diz: "O Pelicano é a mãe do Rei, e o Rei é seu filho." A mãe do Rei é a deusa do céu, que põe diariamente as estrelas no mundo. Quando morre, o faraó deixa e Terra e também se torna uma estrela.

— O homem real é o ser em plenitude que recebe a sua função da Mãe universal, fonte de vida. Mas como você une todos esses dados?

— O Pelicano é Osíris. Também é o céu, a mãe do Rei. Mais ainda, o nome egípcio do Pelicano é o mesmo da Enéade, o grupo de nove deuses criadores, responsáveis pelo destino do universo. Quando o Pelicano fala e profetiza, é o que nos dizem, a Unidade aparece, as fronteiras se juntam, as margens se unem. Há uma outra cena extraordinária relatada nos *Textos das Pirâmides*. Depois de decifrar os segredos do Pelicano, o faraó canta de alegria. Ele diz que as portas do céu e da Terra estão abertas para ele, que os ferrolhos do deus-Terra foram abertos para ele, que a abóbada celeste foi aberta para ele. Aquele que o vigiava o soltou, o bico do Pelicano se abriu para ele e o deixou livre para ir a qualquer lugar que queira ir.

— Você está se referindo a um momento importantíssimo do ritual. Até o momento, o construtor, cuja aventura é idêntica à do faraó, era levado por um braço amigo. Agora, pela virtude do Pelicano, ele adquire plena autonomia no interior do templo.

— Por que algumas lendas falam do Pelicano em termos pejorativos? Dizem, por exemplo, que ele equivale a um insensato ou a um imprudente. Efetivamente, embora possa botar os ovos inteiros em lugares bem altos, como os outros pássaros, ele não faz isso; escava a terra e ali bota os ovos. Sabendo disso, os caçadores põem em cima estrume seco de boi e acendem o fogo. Quando o Pelicano percebe a fumaça, tenta apagar o fogo com as asas, mas, ao contrário, atiça-o com esse movimento, queimando as próprias asas. Então ele se torna uma presa fácil para os caçadores. Por essa razão é que os sacerdotes não comem esse pássaro. Eles sabem que ele trava essa luta por seus filhotes. Mas os profanos o comem e acham que o Pelicano luta de maneira irrefletida.

— Você mesmo respondeu a sua pergunta. Os "sacerdotes" sabem, os profanos julgam. Saiba que se combate o Pelicano porque os mistérios que ele transmite suscitam a inveja mórbida de alguns. Na Bíblia, aquele que se chama Yahvé, no auge do desespero, se compara ao Pelicano do deserto. Seus dias se vão como fumaça, seus ossos ardem como um braseiro, seu coração seca, ele não tem mais nada para comer. De tanto se lamentar, a sua pele se cola aos ossos.

— É preciso passar por tantas dores, por tanto desespero?

— Os grandes mistérios não admitem covardes nem medrosos. Se passar por isso, peça a resposta ao Pelicano. Ele é o único que pode tirá-lo do desespero. É ele, o Pelicano, que mata seus filhotes, que chora por eles durante três dias, antes de ferir a si mesmo. Então, ele os revivifica, aspergindo-os com o próprio sangue. O Pelicano age assim porque os filhotes, pelos quais sente um amor imenso, lhe bateram na cabeça. O Pelicano não suporta o ultraje. Ele mata, ele faz reviver.

— O rei Davi não se comparou a um Pelicano?

— Sempre o tema real. Nas lendas, tanto o pai quanto a mãe Pelicano derramam o seu sangue pelos filhotes para ressuscitá-los. Você também não atingiu e insultou o Criador?

— Eu... Em que circunstâncias?

— Ao adorar a criatura, em vez do Criador, ao interrogar a manifestação, em vez de se dirigir à Causa. Lembre-se da aventura do cavaleiro Bohor, que viu um pássaro branco como lã, que chegou num voo rápido e se empoleirou num galho. Encontrando os filhotes mortos nos ninho, já frios, ficou profundamente triste. Ele bateu no peito com o bico fino e cortante com tanta força que começou a sangrar. Banhados com o sangue quente, os passarinhos voltaram a viver e o pai morreu entre eles.

— Por que o Pai tem de morrer para que os filhos vivam?

— Tomás de Aquino dizia que o bom Pelicano era Cristo Nosso Senhor, de quem uma única gota de sangue poderia lavar as impurezas e salvar o universo inteiro do pecado. Você é filho desse mundo, você carrega as suas feridas. Aquele que deverá conduzi-lo à iniciação deverá lhe dar a energia. O Pelicano, representação de Cristo e da ressurreição, também simbolizava a ressurreição de Lázaro. O nosso Irmão Dante ouviu, como todos nós, as palavras de Beatriz, que falavam de João: "Eis que chega aquele que dormiu no seio do nosso Pelicano, que, do alto da cruz, foi escolhido para um ofício insigne."

— João, o Evangelista! Você sempre faz alusão a ele.

— Os dois Joões, o Batista e o Evangelista, são dois aspectos de uma mesma função. Não foi sem razão que o apóstolo do Verbo foi relacionado ao Pelicano. Você sabe que ele serviu de modelo aos Mestres de Obras.

— E a alquimia? Ela não fala do Pelicano?

— O Pelicano é símbolo da pedra filosofal que se multiplica ao conseguir força em si mesma, semelhante ao pássaro que impregna a ninhada com o próprio sangue. A alquimia permite ao construtor "multiplicar" as suas percepções pela oferta do que ele tem de melhor em si mesmo.

— Mas o que, realmente, significa esse sacrifício? Falar de sacrifício hoje em dia é quase uma provocação. Todo o mundo quer possuir, adquirir, mas é raro encontrar alguém que aceite a ideia de sacrifício.

— Para o futuro construtor, pode ter certeza, a oferta de si mesmo a uma obra é a doação mais exaltante. Num instante, aquele que faz o sacrifício reúne as energias dispersas.

— Para mim, o fato de colocar uma vítima num altar, nas antigas religiões, não era sadismo. Buscava-se sacralizar a matéria. No Extremo Oriente, quando o fiel depositava uma flor aos pés de uma estátua divina, ele realizava um sacrifício. Não era a flor que interessava ao deus, mas o seu perfume, a sua qualidade impalpável e imponderável.

— Sacrificar-se, seguindo o exemplo do Pelicano, coloca você na unidade do ser. A famosa "via das obras" do cristianismo medieval, rebaixada nas "boas obras", consiste em tentar tornar sagrado o que fazemos, em "viver no Pai", segundo a máxima hermética.

— O perigo não é reduzir o sacrifício a uma cena de teatro em que a alma se resseca e se volta para si mesma?

— É por isso que o trabalho dos nossos Pais e o nosso, hoje em dia, repousam num conhecimento e numa prática dos símbolos. Quanto mais o homem vive esse conhecimento, menos formalista ele é, mais sacrifícios espirituais ele faz. Meu amigo Griaule, depois de longas conversas com um sábio africano do povo dogon, ouviu as seguintes palavras: "As forças do sacrifício entram no homem, passam e tornam a sair." Entre os homens há uma troca contínua, um movimento incessante de fluxos invisíveis. E é preciso que assim seja para que a ordem universal dure.

— Para mim, sacrificar-se não é se mortificar, e sim viver mais intensamente.

— O verdadeiro sacrifício é um movimento contínuo das vidas que sobem da Terra para o céu e descem do céu para a Terra.

— A escada de Jacó?

— Sim, diante do patriarca maravilhado que ergue um altar, os anjos percorrem sem cessar essa escada em ambos os sentidos.

— O que acontece com aquele que se recusa ao sacrifício nessa fase da iniciação?

— Ele entrega a vida à tempestade dos acontecimentos e perde as rédeas do seu próprio pensamento. Os Antigos iam muito longe nessa via, afirmando que oferecer um sacrifício é nascer verdadeiramente. Aquele que não se sacrifica ainda não nasceu.

— O que encontramos depois do sacrifício?

— Aquele que espera benefícios pessoais no caminho da sua iniciação, que busca uma glória passageira ou honras, quaisquer que elas sejam, trai o espírito de sacrifício. O Pelicano não devolve o sopro vital aos filhotes para receber felicitações, mas para fazê-los renascer. Apenas as ações que têm o sacrifício como núcleo não acorrentam. O Pelicano ama por amor ao Amor, ele cria por amor à Criação, sem nenhuma outra justificativa.

— Em quase todas as cenas, notei que são três os filhotes do Pelicano. É um número essencial na perspectiva iniciática?

— O Pelicano é para os três filhotes o que o Mestre é para as três virtudes criadoras, a Fé, a Esperança e a Caridade. Elas são as pontas do triângulo sagrado que se forma com a corda do agrimensor.

— Você está me orientando para a geometria, a ciência nobre por excelência. É ela que permite preparar as plantas da catedral. Ora, a primeira figura geométrica é o triângulo, o espaço do Três.

— A primeira manifestação criadora é ternária. As três virtudes são os pilares da arquitetura sagrada e da arquitetura interior de cada iniciado.

— Mais uma vez, as palavras me atrapalham. A Fé, por exemplo...

— Torne-se um Pelicano. No seu avanço para o conhecimento, viva esse momento em que já não procura respostas racionais para as suas perguntas. Agarre, de maneira vital, o que é. Então, viverá a Fé iniciática. A sua Fé é uma certeza que você não compreende e não compreenderá jamais, pois ela é inteligência do coração, além de qualquer compreensão mental. Essa é uma função do pensamento que as nossas civilizações desenvolvem muito pouco.

— Essa Fé não é antes de tudo uma fidelidade?

— É, se você considerar essa fidelidade como uma prática do Verbo que lhe foi revelado. O brilho da comunidade que chega até você não lhe pertence. Cuide para que ele passe através de você, seja fiel, não lhe oponha nenhum anteparo opaco.

— Viver a Fé é abolir a distância entre o iniciado e o conhecimento.

— É também reconhecer o seu Irmão e agir de modo que o seu Irmão o reconheça. Em todas as suas ações, aprenda a jamais se satisfazer com coisa alguma, a não se deter em nada. Na sua vida iniciática, não haverá nenhuma parada de tipo algum. Nunca houve para o iniciado, por mais longe que ele tenha levado a perfeição.

— Essa Fé iniciática é um dinamismo de incrível poder.

— O segredo dela é o conhecimento. Ele nasce da transmissão efetuada entre a confraria dos construtores e o postulante. Os dois estão em você, o Mestre e o discípulo. Você terá acesso à Fé pela audição. O seu ouvido será o canal da sua verdade interior, que também lhe abrirá para a verdade do outro, para a fé dele.

— E a Esperança? Eu a sinto como uma vontade de viver, uma certeza de melhora sempre possível da condição humana.

— Não confunda Esperança com o esperar. Esperança é um movimento sem começo nem fim, é o "motor" que o obriga a se renovar sem cessar.

— A Esperança não foi identificada com o sopro de Deus que passa através de nós, quaisquer que sejam as circunstâncias?

— Esse sopro alimenta a sua inteligência do coração. Não é preciso esperar para começar, nem ter sucesso para perseverar. Às vezes perdemos a esperança, nossas conquistas e nossos sucessos se despedaçam. Não importa. A Esperança é a abertura das portas mais fechadas. Chegou o tempo em que os homens que se consagram à vida do espírito são renegados, julgados como inúteis, secundários. Nós suportamos essa época. Mas também temos a sorte de viver no momento em que o espírito renasce, modelado pela Esperança.

— Por que o amor ao sagrado não está sempre presente em nós, qualquer que seja a época?

— O fogo desse amor é a Esperança. O construtor iniciado se amolda à vontade criadora deixando-a passar através dele.

— No fundo, aquele que não tem Esperança não percebe a necessidade da realização iniciática.

— Àqueles que se realizarem pela iniciação, àqueles para os quais a Esperança é a lei e a inteligência, a eles aparecerão maravilhas. Eles verão um mundo até então invisível, verão um tempo que ainda está escondido, um tempo que não os fará envelhecer.

— A Esperança se abre para a Caridade?

— Estamos de volta a essa palavra estranha. Foi preciso todo esse longo caminhar iniciático para perceber o que é a Caridade iniciática, uma das noções mais deformadas, mais degeneradas ao longo dos séculos.

— Hoje em dia, praticamente, o termo só designa atividades de beneficências.

— Quando é pedido ao iniciado: "Não recuse a sua mão ao desconhecido que vem até você numa miséria mortal", não é uma simples beneficência que está em causa. Você conhece o sentido primitivo da palavra "caridade"?

— Creio que a palavra vem do latim *carus*, "caro, de preço alto, ao qual atribuímos um grande valor". O termo latino deriva do grego *agapè*, que quer dizer amor fraternal, amor divino. Os primeiros cristãos davam o nome de ágape aos banquetes rituais.

— Os banquetes iniciáticos de hoje em dia continuam a ser ágapes. É um dos momentos mais importantes do caminhar iniciático. Para participar do banquete, livre-se das riquezas mal-adquiridas que prendem aquele que as possui. Prepare-se para a "beneficência" do banquete, para o Bem Agir.

— No banquete, a Caridade reina nos Irmãos reunidos. Eles também partilham as aquisições iniciáticas, o progresso no caminho?

— Ao oferecer nosso fogo interior ao fogo interior do outro, fazemos uma verdadeira doação.

— Por que, na Idade Média, diziam que a Caridade era a virtude suprema?

— Porque ela permitia ao construtor entrever a amplitude futura de ser Mestre, de viver as palavras do Mestre Eckart: "Você não deve querer nada em troca das suas obras; se agir assim, as suas obras serão espirituais. Aquele que não busca a si mesmo, que não busca o que quer que seja, mas pensa na realização da Obra e na glória da Obra, está, na verdade, totalmente disponível e liberto de qualquer mercantilismo nas suas obras e já não busca, por menor que seja, o seu próprio interesse."

— Essa Caridade não tem nenhuma ligação com a pobreza?

— Deus vai na direção do pobre de iniciação e de espírito, daquele que sente tanto a própria miséria que chama o Conhecimento com todas as suas forças.

— A Caridade é sinal de uma conversão para a luz?

— Ela é a lei do Mestre. É a Caridade que mantém a confraria na unidade. Quando o sol se põe no Ocidente num flamejar de cores, quando ele banha as paredes do templo, da catedral ou do mosteiro com seus raios, o divino se manifesta na alegria serena dos homens atentos a sua presença caridosa.

— Três virtudes, Fé, Esperança, Caridade... sempre o Três. Por que a presença constante desse número ao longo de todo o caminho?

— O Três contém todas as dimensões possíveis do cosmos.

— Na língua hieroglífica, o três é o símbolo da quantidade infinita dos seres e das coisas, reunidos numa coerência. Se quisermos dizer, por exemplo, que uma pessoa reúne todas as qualidades necessárias para um trabalho, nós lhe atribuímos o três. Se quisermos representar todas as raças de peixes, desenhamos o três.

— Quando Deus cria o céu e a Terra — disse Pierre Delœuvre —, Ele dá três passos.

— Três passos que o iniciado também deve dar?

— A primeira superfície da iniciação é definida por três lados. Só podemos compreender a unidade por intermédio dessa superfície composta de três elementos.

— Plutarco falou a respeito do triângulo criador na origem da vida. Ele era formado de Osíris, a vertical que vale Três; de Ísis, a base que vale Quatro e de Hórus, a hipotenusa que vale Cinco.

— Deus é Um em três. O Três está em toda a parte para aquele que sabe ver.

— A meu ver, a famosa trindade, Pai, Mãe e Filho, não se deve ao cristianismo. Para os egípcios, Shu, o deus do ar, é o princípio original que dá a vida; sua esposa, Tefnut, deusa da umidade, o recebe e faz verdejar a natureza. Osíris, como deus-filho, tem por missão salvar os homens com a sua paixão.

— O Pelicano e seus filhotes simbolizam a Unidade divina que faz nascer o Três.

— O ovo do Pelicano não tem certa importância?

— Em alguns mosaicos, como o de Trèves, os artesãos representaram um altar no qual foi depositado um ovo que continha trigêmeos, a exaltação alquímica do Três. Isso corresponde à tripla ação do Mestre de Obras que deve conceber a planta do Templo, dirigir os trabalhadores e participar pessoalmente da construção.

— O iniciado aprende, pouco a pouco, a praticar um pensamento "ternário"?

— Ele exerce esse pensamento em qualquer campo da atividade humana. Os antigos sábios gostavam de adotar fórmulas ternárias para transmitir as suas experiências. Você se lembra das palavras de Lao-tsé que forneciam os princípios da criação do trabalho?

"Criar sem possuir,
Trabalhar sem guardar,
Produzir sem dominar."

— Na Idade Média, achava-se que o mundo era mantido por três forças. A primeira era a que concebia, a segunda, a que contemplava e a terceira, a que amava.

— São três forças que dão sustentação a uma comunidade iniciática — disse Pierre Delœuvre. — O construtor assume, ao mesmo tempo, três posições: pelo pensamento, ele se coloca acima dos fenômenos; pela humanidade, ele se coloca no futuro; finalmente, pelas obras, ele se coloca como "produto" final da criação. Mas já é hora de você passar pela prova do Fogo.

24º grau

A Fênix ou o Fogo eterno

— A Fênix é indissociável do Pelicano — disse Pierre Delœuvre. — Ela representa uma nova etapa essencial.

— Encontrei a Fênix no Egito, na Grécia, na Idade Média, no islamismo e até na China.

— Qual é a lenda da Fênix no Egito?

— Quando o Nilo inundava as terras do Egito, via-se um pássaro maravilhoso com a cabeça enfeitada com um penacho. Ao nascer do sol, ele saía das águas primordiais, como havia feito na primeira manhã do mundo. A sua cidade preferida era a Cidade do Pilar, a que os gregos chamavam de Heliópolis, "a cidade do Sol", e que na Bíblia é conhecida por On. Lá ele pousava na árvore sagrada, um salgueiro, ou na primeira pedra da criação. A Fênix trazia felicidade. Em toda a parte gritavam: "a Fênix voltou!" Com ela, o brilho do sol tomava a forma de um pássaro. Também diziam que a Fênix criava a si mesma no Oceano primordial.

— A Fênix não era um guia?

— Era, pois abria um novo caminho no céu — respondi. — No *Livro dos Mortos,* o iniciado pede às estrelas que lhe abram o caminho, pois, ao entrar nas moradas subterrâneas, sob a forma de um falcão, ele sai como uma Fênix.

— A pedra misteriosa da Fênix é a pedra angular do Templo — disse Pierre Delœuvre. — Ao se tornar uma Fênix, você aprenderá a reconhecê-la. Poderá cumprir conscienciosamente o seu papel de construtor. Não confundirá mais os blocos mal esquadrados com a pedra da Luz.

— A Fênix falava aos sábios. Quando ouviam a voz dela, eles sabiam que a regeneração dos seres estava próxima.

— Devemos trabalhar para que a Fênix apareça, para que fale conosco. Quando sentia a morte se aproximar, a Fênix construía uma morada com incenso, mirra e outros perfumes raros. Quando chegava a hora, ela entrava nessa morada. Em seguida, a levava consigo. Ela partia da Arábia e ia para o Egito. Ao meio-dia, quando todos podiam vê-la, colocava a morada no altar do Sol. Em seguida, tirava as penas, acendia uma fogueira e se oferecia em sacrifício. Depois de queimada, de ser reduzida a cinzas e destruída, dessas cinzas surgia uma espécie de lagarta, que crescia aos poucos, adquiria asas e se transformava numa fênix.

— Segundo Plínio, só existia uma fênix no mundo. Creio que ele falava sobre os mesmos fatos. Ao envelhecer, a Fênix construía um ninho com galhos de canela e de incenso. Ela enchia o ninho de perfume e morria sobre eles. Dos seus ossos e da sua medula nascia uma espécie de vermezinho que se transformava num passarinho. Primeiro, ele prestava homenagem à antecessora, e, depois, levava o ninho para a Cidade do Sol e o colocava num altar.

— Até os cristãos ficaram impressionados com esses fenômenos. Clemente de Roma relatou as mesmas ocorrências. Ele também se espantou com o fato de a carne em putrefação da Fênix ser um meio de criação. O verme se alimentava da decomposição do pássaro morto, depois se cobria de penas antes de erguer o esquife onde repousavam os ossos do ancestral. Ele voava para o Oriente, onde, em pleno dia, depositava o esquife da Fênix primordial no altar do sol.

— O grande poema simbólico transmitido pelo escritor Lactâncio diz que, num lugar bem-aventurado do Oriente, no qual se abre a porta do céu eterno, corria uma fonte abundante que irrigava toda a floresta em volta, 12 vezes por ano. Era lá que morava a Fênix, sacerdotisa das florestas e única iniciada nos mistérios do sol, único ser que sobrevivia depois de ser regenerado pela morte. Com o seu maravilhoso canto, ela marcava as horas. Com a idade de mil anos, abandonava esses lugares sagrados e, por desertos inacessíveis, ela chegava a um bosque secreto no qual escolhia uma palmeira alta.

Ela construía o seu ninho, pois era para viver que morria criando a si mesma. Depois de juntar os perfumes, deitava no túmulo. O seu próprio calor interno gerava uma chama que a consumia. Das cinzas surgia um verme, que se contraía na forma de um ovo liso. A nova Fênix bebia o orvalho de ambrosia e recompunha o que restava do seu corpo. Ela era o seu próprio filho, o seu pai, o seu herdeiro. Ela mesma era outra que não ela. O altar sagrado em que a Fênix construía o ninho devia ser o obelisco no qual repousava a alma do sol. A tradição foi perpetuada, pois o rei Alexandre viu a Fênix aparecer em cima da árvore-cruz.

— Falava-se também da palmeira. Você sabia que pássaro Fênix e palmeira têm o mesmo nome na língua grega? Nossos Irmãos Essênios viviam na "sociedade das palmeiras", cujo sentido secreto era "comunidade das Fênix". Na nossa iniciação, essa comunidade é a dos construtores que atingiram o grau "Fênix", no qual você está agora.

— Por que a Fênix anunciaria uma nova idade de ouro, se não para significar um momento como esse?

— No instante em que o ano morre e que renasce imediatamente, tudo se renova, um tempo de ouro aparece. A Fênix vivia tanto quanto as estrelas, atravessava os séculos renascendo sempre. Acho que é isto a idade de ouro: a capacidade de renascer.

— Mas a Fênix só se mostrava em raras ocasiões! Por exemplo, quando o fogo desceu do céu e consumiu o sacrifício de Abel, queimou também a Fênix, que, três dias depois, nasceu de novo. Por ocasião da saída do Egito, ela surgiu no templo de Heliópolis. E queimou a si mesma no Templo de Jerusalém por ocasião do nascimento de Cristo.

— Acontecimentos raros, mas essenciais. A Fênix era testemunha do fogo, testemunha dos acontecimentos espirituais que marcaram o destino da humanidade e, consequentemente, o destino de cada um de nós.

— A Fênix não nos oferece uma solução para o problema da morte?

— Enquanto o homem apenas considerar o seu desaparecimento corporal, permanecerá do lado de fora do templo. Ao se transformar em Fênix, ele se torna capaz de ali entrar e de participar dos rituais de ressurreição.

— Morrer e renascer: é esse o segredo da Fênix?

— Como nunca nasceu, a Fênix não morre jamais. Todos os seres do universo podem compreender isso.

— Consequentemente, todo homem pode viver essa iniciação?

— Desde que aceite o encontro com a Fênix, apesar das chamas que a cercam. Na prova do fogo, os construtores ensinam ao novo iniciado que todas as criaturas passadas, presentes e futuras estão virtualmente nela. Você poderá conhecer toda a aventura humana se morrer no seu "eu" para nascer no Homem verdadeiro.

— A Fênix recém-nascida e seu "pai" não são um mesmo ser?

— Alguns rituais iniciáticos dizem que o primeiro cuidado da nova Fênix é prestar ao pai as homenagens fúnebres. Ela se encarrega do corpo dele e o oferece à luz. Isso ilustra claramente a transmissão do espírito da confraria dos construtores para o novo adepto, identificado com a Fênix que desaparece e ressurge. As seguintes palavras são ditas a ele: "A sua velhice perece e você continua. Seus olhos viram tudo o que foi, os tempos têm os seus olhos por testemunha."

— A Fênix tem um nascimento incrível! Ela não vem de um germe concebido no seio de uma mãe. Ela é o seu próprio pai e o seu filho, a um só tempo. Sem ter sido criado por um outro, ela se regenera pela própria morte.

— A Fênix possui uma qualidade secreta. Ela é andrógina. Mas não se trata de uma androginia da carne. A Fênix não é pai nem mãe neste mundo, porque é Pai e Mãe na criação.

— No Gênesis, Deus não criou o Homem macho e fêmea, antes de dividi-lo em "homem" e "mulher", em Adão e Eva?

— É verdade, e Hermes Trismegisto não fala diferente quando nos ensina que a verdadeira inteligência é macho e fêmea.

— Parece-me também que a Fênix tem o domínio do tempo. Ela leva em consideração tudo o que existe, isto é, a eternidade e a perpetuidade. A eternidade é o dia e a perpetuidade é a noite. Para o Egito, havia duas formas de eternidade: a primeira, masculina e diurna, a segunda, feminina e noturna. Elas se uniam na Fênix.

— Inseparável da árvore da vida, a Fênix é a alma da luz que ilumina as trevas. Por isso é que o homem que se conscientiza disso se torna luminoso, sem cooperação externa. Seus olhos irradiam uma luz secreta, e um brilho inflamado cerca a sua cabeça; a sua claridade corta a noite.

— Não pode existir sabedoria nas próprias palavras? Eu me refiro ao grego *phoinix*, que tem o sentido de "púrpura", "vermelho que tende para o dourado", "luminosidade intensa", tudo o que se aplica perfeitamente às cores simbólicas do pássaro.

— Sim, todas as manhãs, a Fênix acompanha o sol no seu curso, para impedi-lo de queimar a Terra com uma irradiação muito intensa. Ela tempera o calor do astro e o reparte conforme as necessidades de cada região.

— Não é graças ao fogo que a Fênix é capaz de realizar as suas transformações?

— O Fogo é o seu verdadeiro pai. Num dos Apocalipses, um anjo faz o profeta Baruc ler letras de ouro gigantescas, gravadas na asa direita da Fênix. Elas formavam esta frase: "A Terra não me engendra, nem o céu; são as asas do fogo que me engendram."

— A que corresponde essa chama misteriosa que tem mais poderes do que o céu e a Terra?

— Um Irmão alquimista, Michael Maïer, falou muito sobre a Fênix e o seu Fogo. Ele cantou seu segredo em palavras que tenho o dever de lhe transmitir: "Vou cantar a natureza e as propriedades do Fogo que serve de fogueira e de berço para a Fênix, onde ela recomeça uma nova vida. Preste atenção em mim, favoravelmente, e fique em silêncio. Esse fogo não é o do Etna nos seus abismos profundos, nem o que nutre as fornalhas ardentes do Vesúvio, nem o que o monte Hekla vomita... o princípio do nosso Fogo é totalmente diferente. Ele se origina numa montanha, a mais elevada da Terra, que só produz flores, como o cinamomo, o açafrão e outras ervas odoríferas. Esse Fogo é a origem de toda a luz que ilumina este vasto universo. É ele que dá calor e vida a todos os seres; ele é uma chama cujo fogo brilha sem jamais apagar. É esse Fogo que serve para fazer a fogueira preparada pelo nosso pássaro, na qual ele vai buscar o seu fim e a morte. Oh, como esse Fogo sagrado é cuidadosamente oculto! Oh, como essa maravilhosa chama é bastante conhecida dos sábios! Quando o ignoramos, ignoramos tudo. Você que deseja buscar a ciência das fontes fecundas, não permita que esse fogo sagrado seja manifestado."

— Cabe a mim não confundir o fogo aparente, material, com o fogo espiritual e oculto; é ele que permite realizar a Obra, não é?

— Não se pode nomeá-lo nem vê-lo, mas ele está em toda a parte. Compreender a natureza desse Fogo é sentir a maneira como as inteligências divinas criam o mundo.

— Agora compreendo melhor por que Cristo achou necessário queimar o mundo para purificá-lo da escória e nos revelar a beleza.

— Segundo Tomé, o patrono dos arquitetos, Jesus disse: "Lancei fogo no mundo e eis que eu o mantenho até que ele queime. O que está perto de mim está perto do fogo; e o que está longe de mim está longe do reino." Esse reino é a confraria iniciática para a qual as provas nos conduzem.

— O Fogo secreto é aquele que mantém o universo em equilíbrio, que faz as plantas crescerem e os homens nascerem?

— Ele é também a testemunha divina em nós.

— Então os iniciados seriam "mártires", testemunhas?

— Sim, se você der à palavra mártir o sentido primitivo de testemunha. A chama desses mártires não os destrói, e sim os rejuvenesce. Ela é uma escada para o céu.

— Como o Mestre de Obras usa o Fogo?

— Ele recria os traçados, graças aos quais as forças celestes constroem a catedral do universo. O Fogo produz as "qualidades". O Fogo que brilha na parte mais profunda da nossa consciência determina nossas próprias qualidades.

— Isso porque ele organiza nosso mundo interior, porque ele lança luz nas zonas de sombra que a razão não pode atingir?

— De uma só vez, o Fogo da Fênix leva você à unidade do espírito. É do ventre do Fogo que saem os iniciados, nos quais o espírito, a alma e o corpo não estão mais divididos. Por isso os construtores revelam durante o ritual: "Não é possível tornar-se Fogo sem resistência, sem dificuldade, sem agitação no tempo; mas ser Fogo é uma alegria atemporal que escapa de qualquer determinação do tempo."

— Na Chartreuse de Dijon,[14] notei que o atril do coro era uma coluna enfeitada no alto por uma Fênix. Ela reina sobre os quatro Evangelistas!

— A Fênix é o quinto termo, a célebre quintessência de que falam Rabelais e os alquimistas. Transformado em Fênix, o construtor recebeu do Mestre de Obras o significado de sua transformação: "Quando vir o fogo sagrado brilhar sem forma, saindo dos abismos do mundo inteiro, escute a voz do fogo." Você está preparado para passar pelo Fogo?

— Eu me entrego a você. Da minha parte, creio estar pronto para tentar a aventura.

— Compreenda que essa passagem é uma transmutação. Depois, não será o mesmo homem, tornando-se o "Mesmo" por excelência, aquele que reconhece a identidade profunda que une todas as coisas. Mas essa transmutação será inútil se não conseguir descobrir o olhar da Águia.

---

[14] Antigo mosteiro da ordem dos cartuxos, destruído na Revolução Francesa. O que restou do prédio foi incorporado ao complexo hospitalar psiquiátrico da cidade de Dijon. (N. T.)

25º grau

A Águia ou a realeza celeste

— Com a regeneração pelo Fogo — disse Pierre Delœuvre —, você poderia acreditar que chegou ao fim do caminho. Mas ainda faltam difíceis etapas a serem percorridas. A etapa da qual a águia é o mestre é particularmente árdua. Com ela termina a trindade dos pássaros simbólicos: o Pelicano, a Fênix e a Águia. A Águia ocupa o topo do triângulo luminoso, cujas bases são ocupadas pelos dois primeiros.

— Como se tornar uma Águia?

— A Águia corresponde ao momento ritual em que o Mestre de Obras, que dirige a cerimônia, revela a luz ao postulante. Já está na hora de reunir suas forças, de examinar detalhadamente sua vida e seu espírito para que a Águia apareça.

— Na minha opinião, a águia da Idade Média é o falcão Hórus dos egípcios.

— Só existe um único Hórus?

— Não, há três Hórus: uma grande ave primordial, nascida no início dos tempos, um Hórus real, representado pelo faraó, e o menino Hórus, filho de Ísis e de Osíris, que os gregos chamaram de Harpócrates.

— Qual era a função do grande pássaro primordial?

— Ele cobria o mundo inteiro com as asas. Media milhares de côvados. Diziam que era um sábio, um protetor, um pai, um irmão. Era ele quem governava o Egito, os deuses estavam a seu serviço. Com o olho, ele alimentava as multidões.

— O Hórus primordial se encarnava no faraó?

— O faraó devia prolongar na Terra a atividade celeste de Hórus. Por isso construía os templos.

— E o terceiro, o pequeno Hórus?

— Segundo Plutarco, simbolizava as incessantes renovações da vida, tudo o que era perpetuamente rejuvenescido. A vida dele era um milagre, pois havia nascido de Osíris morto. Ísis juntou os pedaços espalhados do corpo do marido e, tomando a forma de um pássaro, se fez fecundar por Osíris remembrado, mas não reanimado.

— O terceiro Hórus não tinha uma função de guerreiro depois do nascimento? — perguntou Pierre Delœuvre.

— Tinha, pois o primeiro papel do menino Hórus foi combater o assassino do pai, Seth, força vital indomada. O traidor tentou desacreditar Hórus diante dos olhos da corte divina, caluniando-o. Ele não passaria de um bastardo! Mas o jovem Hórus, com a ajuda de Toth, defendeu a própria causa e conquistou a aprovação geral. Segundo Plutarco, o pequeno Hórus era a natureza. Seth o acusou de bastardia porque ele fazia parte do mundo material, enquanto o pai, Osíris, era um deus imaterial. Mas a inteligência, simbolizada por Toth, demonstrou o erro dessa teoria. A natureza, na verdade, reproduz o universo divino e nos faz conhecê-lo.

— Por isso, o menino Hórus é idêntico ao iniciado que renasce numa confraria de construtores. Sem a presença do faraó e do Mestre de Obras, ignoraríamos a existência do grande falcão que mantém nossa Terra em harmonia. Não poderíamos viver a luz.

— Como a Águia da Idade Média — disse eu —, o Rei do Egito olhava o Sol de frente, graças ao seu terceiro olho, a serpente de fogo que sai da sua fronte e queima todos os obstáculos que se opõem a sua visão.

— No ciclo da Távola Redonda, o cavaleiro Galaad era o correspondente exato do Hórus-rei; ele conseguiu descobrir o Graal porque nele estavam reunidas as qualidades de Arthur, o soberano, de Merlin, o sábio, e dos seus irmãos cavaleiros. Mas você sabe onde nascia o falcão celeste?

— O falcão celeste nascia no Oriente, numa região de intensa luz. Quando o iniciado do *Livro dos Mortos* o encontrava, ele proclamava: eu vivo da verdade, sou o que existe por causa dela. Eu sou o Hórus que habita os corações, o ser íntimo que habita os corpos.

— Hórus, parcela divina em nós, renascia sem cessar junto com o Sol. O faraó era a luz do seu povo à imagem do falcão, luz dos deuses.

— Além disso, era o falcão que sacralizava o rei ao colocar na cabeça dele a coroa brilhante.

— Essa mensagem atravessou os séculos, mesmo que tenha mudado de forma. Não foi o falcão dos egípcios que foi passado para o mundo dos construtores de catedrais. Pouco a pouco, ele se transformou em águia. Eu me lembro de um capitel copta de Antinópolis, mantido no Museu Nacional de Genebra, no qual vemos um falcão-águia entre dois carneiros. Acho que Hórus continua a viver sob a forma de Águia.

— A Águia que subia muito alto nos céus e parava na vertical do templo de Delfos, considerado o centro do universo.

— Ela não controlou o fogo do céu? As lendas gregas diziam que a Águia depositava o néctar nos rochedos, todos os dias, para alimentar Zeus, o mestre do Olimpo.

— Nada mudou — disse Pierre Delœuvre. — Alimentar os construtores continua a ser o dever da Águia.

— Ela também é mensageira? A história da Cinderela, que todos conhecem, é a enunciação de um mito antigo em que o falcão-águia pegou um dos sapatos de uma nobre dama, Rodópis, enquanto ela se banhava. Ele levou o objeto para Mênfis, antiga capital do Egito, e o deixou cair diante do rei, que era um administrador justo; este mandou procurar a dona do sapato. Encantado com sua beleza, o rei se casou com ela.

— Ao levar para o rei o complemento indispensável, a Águia realizou o casamento sagrado no qual se unem os princípios ativo e receptivo.

— Os celtas não diziam que a Águia era o animal mais antigo do mundo?

— Foi um melro que revelou esse mistério a dois viajantes. Quando eles conseguiram encontrar a Águia, ela lhes revelou que estava instalada no alto de um rochedo, de onde bicava os astros todas as noites.

— A Águia seria o ancestral por excelência, diretamente em contato com o universo?

— A Águia possui a energia da origem do mundo. Por isso, provoca medo naqueles que não estão preparados para recebê-la. Eles correm em todos os sentidos quando ela desce do céu, sem esperança de lhe escapar.

— Então, ela é muito cruel?

— Certa tradição cristã, assustada com a iniciação, diz que a Águia é um demônio predador de almas, um pássaro imundo. Rapace impiedosa, ela seria uma tirana temível.

— Por que descrever dessa maneira um estado espiritual, um estado de iniciação cuja importância você já destacou?

— Essa é uma maneira comum, mil vezes usada, de rejeitar a iniciação.

— Até no cristianismo houve outras correntes de pensamento. Muitas vezes foram recordados aqui os testemunhos que provam a presença do mundo iniciático no cristianismo.

— É verdade, um cristão como Ambrósio mencionou que a Águia era o rei das almas puras que sobem para o céu do conhecimento. Ele chegou a considerar a Águia como o Salvador que nos desliga da materialidade. Quando vê um peixe nadando na superfície da água, ela vai para cima dele e o pega. É, mais uma vez, o Salvador-Águia, como pescador de homens.

— No relato da descida aos infernos, Cristo liberta Lázaro, que toma a forma de uma Águia!

— Sim, os demônios tremeram e não conseguiram segurar Lázaro, que lhes escapou graças à rapidez da Águia. Lázaro-Águia é o homem que viu a luz; o príncipe das trevas, que, normalmente, inverte as palavras da verdade, não pôde fazer mais nada contra ele.

— Quando um egípcio morto saía da tumba, ele se transformava em falcão para ir para o céu.

— Uma das principais funções da Águia é esta: conhecer o caminho do paraíso. Ali, ela cobre as asas de perfumes e os oferece aos iniciados.

— Oferecer perfume é encontrar o aspecto sutil de todas as coisas, é oferecer o que é impalpável, não corporal, o viver em nós.

— Se quiser, chame isso de graça. O atril, esse apoio com um pé alto no qual eram colocados os livros de canto gregoriano, tinha muitas vezes a forma de uma águia com asas abertas. Daí veio a expressão "cantar na águia",[15] que aqui é se expressar segundo o Verbo. Nas grandes cerimônias, os sacerdotes se ajoelhavam diante da águia, prestando homenagem ao princípio que os criara.

— Era toda a comunidade que se beneficiava com a graça da Águia. E ela, que levava a alma dos reis da Terra para o céu, não era também portadora do fogo?

— No cristianismo primitivo, antes das deturpações dogmáticas, os recém-batizados eram chamados de "águias" e, por conhecerem os mistérios, passavam a fazer parte da comunidade. "Águia" é um termo que designa aqueles que têm acesso à comunhão celeste, revestidos com um corpo de luz.

---

[15] "Cantar na águia" é uma expressão francesa que, no século XVII, literalmente, e não simbolicamente, era usada com o mesmo sentido de cantar no ou em frente ao atril. (N. T.)

— A linguagem popular não está totalmente errada quando usa a expressão "se considerar uma águia"!

— É ainda mais sábio porque, se você mesmo achar que é uma águia, cairá do alto do céu e a sua queda será mortal. Apenas os seus Irmãos na iniciação podem reconhecer que você atingiu essa etapa do caminho, não para felicitá-lo, mas para pedir que vá mais além.

— Na sua realeza, não existe uma solidão na Águia?

— É verdade — admitiu Pierre Delœuvre — que aquele que chega a esse grau da iniciação sente certa solidão diante do Princípio. E não busca mais pretextos nem desculpas, pois sabe que somente ele pode realizar a sua função de homem mediador entre o céu e a Terra.

— Solidão é realmente a palavra certa?

— Não, unicidade seria mais conveniente. Não confunda a unicidade do construtor com um isolamento afetivo. O iniciado está sozinho ou, mais exatamente, é o único, pois nenhum homem evolui no lugar no outro. Cada um de nós possui um "Número" imortal que o caracteriza.

— A realização do meu Número vai me permitir olhar o Sol de frente, como a Águia o faz?

— Olhe a escultura. O homem que fez a imagem nos mostra a Águia em toda a sua majestade, com os olhos voltados para os raios do astro. De todos os animais, a Águia é que voa mais alto e é a única que ousa mergulhar o olhar no sol.

— Não foi graças à Águia que João pôde conhecer o Verbo?

— João pronunciou as seguintes palavras: "Veja a Águia: ela voa mais alto do que todos os pássaros, ela olha fixo para o Sol e, no entanto, por necessidade da sua natureza, ela desce à terra. Assim, o espírito do homem, que se desliga um pouco da contemplação, se volta com mais ardor para as coisas celestes, renovando, constantemente, as próprias experiências."

— Em outras palavras, o estado "Águia" nunca é definitivo?

— Não recue diante do Sol da Águia. Peça-lhe a intuição, a capacidade que permite entrar nas coisas, viver nos seres, pensar com o pensamento criador. A Águia se preocupa com a justeza de todas as coisas, é ela que inspira os adeptos nas peregrinações para a luz.

— Acho que já era ela que se colocava atrás do faraó para lhe insuflar energia.

— A Águia revela a mensagem sagrada. Ela falou a Pitágoras sobre os segredos do universo, ela ditou a João o Evangelho do Verbo.

— Eu poderia ouvir a voz da Águia?

— Se conseguir rejuvenescer como ela. Quando a Águia envelhece, as suas asas ficam pesadas, a vista escurece. Então, planando no ar, ela busca as fontes e os rios. Em pouco tempo, o calor do sol esquenta as suas asas e os seus olhos clareiam. Descendo numa fonte, ela se banha três vezes. Rejuvenescendo, volta a ser um filhote de águia. E você também rejuvenescerá, desde que carregue dentro de si a iniciação vivida. Se os seus olhos escurecerem, vá em busca da fonte da Águia.

— A Águia também não rejuvenesce com o fogo, antes de indicar a localização da fonte da vida?

— Quando a Águia velha fica perto do Sol, ela queima as suas penas. O fogo consome o que elas tinham de mais espesso e mais pesado, e devolve a ela a antiga acuidade do olhar. Depois disso, ela mergulha numa fonte e imediatamente se enche de juventude e vigor. A velhice havia arredondado o seu bico, capaz, apenas, de pegar o alimento; a águia consegue devolver-lhe a força, esfregando-o contra as pedras e os rochedos.

— Essas pedras e esses rochedos não são as pedreiras nas quais os construtores vão buscar a matéria-prima para construir o edifício?

— Ao participar da obra realizada é que, aos poucos, você sentirá o olhar da Águia.

— Esse não é também o Olho de Hórus? Desse olho de falcão é que se tiravam os números, os pesos e as medidas.

— Sim, pois o mundo emana do olhos do pássaro real e o mundo se reduz a ele.

— Segundo o que você diz, a vida iniciática não é a aquisição de um saber qualquer, mas uma mudança de olhar!

— Você conhece a pedra da águia?

— A que é chamada de aetita, a pedra de que falam os antigos naturalistas? Eles diziam que a Águia a usava para construir o seu ninho.

— É uma pedra muito estranha. Ela apresenta uma espécie de gravidez; quando a sacudimos, ouvimos ressoar no interior dela outra pedra, como um útero mineral. Mas, para que ela tenha virtude, é preciso pegá-la no ninho da Águia.

— O ninho da Águia não é o próprio templo?

— A sua fé, disse Cristo a Tomé, arquiteto do Oriente, também se transformará numa águia de luz planando sobre todas as regiões. Como vê, a Águia é o símbolo do Mestre de Obras.

— Não é uma crueldade para com os noviços? A lenda afirma que a Águia expõe os filhotes aos raios de sol, para ter certeza de que são de uma raça de qualidade. Se eles não suportam o fogo celeste, ela os lança fora.

— O Mestre de Obras tem o dever de pôr à prova os construtores, de verificar sempre a qualidade deles. Se não forem dignos de participar da construção da catedral, ele os manda de volta para a vida profana. Essa atitude pode parecer chocante para uma mentalidade igualitarista, a mais falsa e mais hipócrita que existe. Não digo isso por acaso. Ao lado da Águia está o primeiro Leão. Desejemos que o olhar do rei dos céus lhe permita enfrentar vitoriosamente o olhar da fera.

26º grau

O primeiro Leão ou a realeza terrestre

— Devo temer alguma coisa deste Leão?

— Existe uma figura medieval que representa um rei com uma águia na mão, cavalgando um leão. Dizem os moralistas que é a alegoria do orgulho, misturado com a vaidade.

— É esse o perigo? Mas essa vaidade não foi vencida nas provas que precediam a descoberta da Árvore seca?

—Trata-se de uma vaidade de outra natureza. Ela leva o construtor a usar os tesouros descobertos durante a iniciação em benefício próprio. Ele comete, então, o mais grave dos erros. Isso porque a ostentação do ignorante não é nada, mas a vaidade do sábio é mortal. Quanto mais sabemos, mais somos responsáveis e menos direito temos de nos vangloriar.

— Esse mau leão dorme sobre as suas experiências. Ele não perde a clareza da águia?

— Quando o iniciado se convence de estar instalado no Conhecimento, cai num abismo sem fundo.

— Que força me dará esse Leão?

— Ele dá peso e densidade à luz da Águia, que poderia continuar nas nuvens, muito longe de nós. Ele dá a você o segredo da força nobre que se chama orgulho.

— Aí não existe um outro perigo?

— As palavras dão medo. As Igrejas nos acostumaram a temer o sagrado, a não confiar nele. Elas obrigam o homem a se submeter e a não interrogar o mistério.

— No entanto, dentro das próprias Igrejas, alguns combatem essa submissão, que não está muito longe de uma demissão. Um Pai da Igreja como Orígenes nos convida a sentir certo orgulho. Que o sábio não se orgulhe da sua sabedoria, que o homem forte não se orgulhe da sua força, que o rico não se orgulhe da sua riqueza, está certo, mas todos devem ter orgulho de compreender que Deus é.

— Sem dúvida, a atitude certa é viver humildemente o orgulho do construtor do templo. Quando o orgulho do trabalho substitui a vaidade, a alegria aparece.

— Esse orgulho nobre não explica a desconfiança das Igrejas diante das confrarias iniciáticas?

— Talvez explique bem. Mas desde que a Igreja do Ocidente deixou de pedir para que os construtores iniciados construíssem os seus edifícios sagrados, ela foi aos poucos se esvaziando da sua substância simbólica.

— Algumas vezes o Mestre de Obras não enalteceu a si próprio? Eu me refiro, por exemplo, ao abade Suger, que se fez representar em vários lugares da catedral de Saint-Denis.

— Como os Irmãos que agiram como ele, Suger não quis representar a si mesmo. Ele exaltou a função, a qualidade de Mestre de Obras, e não o indivíduo que a exercia. O templo absorve o "eu" do Mestre de Obras. Ele o engrandece na medida do edifício.

— Todos os membros da confraria não deveriam chegar a esse mesmo resultado?

— Essa é a pergunta que o primeiro Leão faz a todos. Você quer expandir a sua personalidade nas dimensões do templo construído pela sua comunidade? Esta última é o corpo do Mestre de Obras primordial reconstituído na pedra. O Leão representa aqui uma sabedoria terrestre, uma realeza posta ao nosso alcance. Por ela, o construtor percebe melhor a sabedoria celeste, a realeza divina da Águia. O animal selvagem completa a ave, ele torna tangível o intangível. Mas será que você saberá transmitir o que recebeu?

Do 27º ao 30º graus

Os quatro personagens com a ânfora

Na minha frente se apresentavam quatro personagens segurando uma ânfora, cada um deles numa atitude diferente.

— De que adiantaria atingir o coração da iniciação — disse-me Pierre Delœuvre — se não brilhasse externamente a riqueza interior? As esculturas nos ajudarão a evitar sérios obstáculos. Olhe o primeiro personagem.

— Ele mostra uma atitude relaxada. Apoia-se negligentemente no braço direito e olha para o vazio. A ânfora que ele segura no ombro esquerdo, sem cuidado, derrama a água que se espalha ao acaso.

— É a imagem da *transmissão despreocupada*. O homem se limita a adquirir e está pouco ligando para compartilhar os tesouros do pensamento que descobriu. A despreocupação poderia levar a crer que ele não percebeu o essencial da própria aventura e passou diante dos símbolos sem vê-los.

— Ele não confundiu iniciação com curiosidade?

— Ele não refletiu sobre o conteúdo precioso do vaso sagrado. Por isso não presta nenhuma atenção ao fluxo divino, que, por sua culpa, se espalha em qualquer lugar.

— Na minha opinião, a expressão que ele mostra, usada para se comunicar com os semelhantes, é uma tagarelice muito afastada do Verbo criador. Ele é incapaz de ideias coerentes e diz uma enxurrada de palavras, em geral inúteis.

— Comparável ao servo despreocupado da parábola, ele não faz frutificar o ouro recebido. Pior ainda, o desperdiça. Os símbolos

passam por esse homem como numa superfície impermeável. Eles não entram na carne. No entanto, ele recebeu ouvidos para ouvir e olhos para ver. Esse mau "carregador de água" perdeu o sentido do sagrado, pois o ideal não transmitido seca e morre, arrastando consigo a morte do homem despreocupado. Como você vê o segundo personagem?

— A mão direita do segundo personagem serve como ponto de apoio, um sistema de referência. Mas ele não se preocupa com a ânfora que segura pelo fundo e também deixa a água derramar ao acaso. Ele me parece menos despreocupado do que o anterior. Talvez sinta, confusamente, que tem a posse de alguma coisa importante, mas sem poder identificar o que se trata.

— É a transmissão *ao pé da letra* — disse Pierre Delœuvre. — Não tendo percebido a amplidão dos símbolos, aquele que faz a transmissão se limita às formas exteriores. O olhar perdido ao longe denota uma falta de vigilância. Quando comunica sua experiência, ele usa frases estereotipadas, repete em vez de recriar.

— Por que ele faz essa transmissão literal?

— Porque existe um sistema fixo de valores, um código que lhe é próprio e do qual não sabe se livrar. Para transmitir o espírito, é preciso conhecer a linguagem dos pássaros, dizer a palavra certa no momento certo, em função das possibilidades de cada interlocutor.

— O nosso personagem não assume certa responsabilidade? Ele não tem o sentimento do valor do símbolo e do ritual?

— Ele é incapaz de perceber o "porquê" deles. Prende-se exclusivamente à forma e não suporta que se modifique nenhum aspecto.

— Parece-me que isso nem sempre é inútil. Várias tradições, cujos fundamentos não eram compreendidos, foram assim veiculadas

até a nossa época. Não se compreendiam, mas foram conservados os valores que aguardam para serem ressuscitados.

— Você tem razão. Mas essa atitude se torna negativa quando o iniciado se recusa a ir além do contorno material e impede que outros ultrapassem o seu ponto de vista. Mais cedo ou mais tarde, o homem que apenas transmite literalmente se torna sectário e trai o que tinha de mais caro. O que você pensa do terceiro personagem?

— Eu o acho doutoral, jupiteriano. Ele tem um controle mais nítido da ânfora. A mão, apoiada no gargalo, garante o melhor controle do fluxo. Apesar disso, o olhar não se fixa no que está fazendo. Ele me parece muito preocupado com ele mesmo.

— É a *transmissão sem humildade*. Para esse personagem, as palavras que lhe saem da boca são grandes verdades. Ele nunca duvida do conceito que faz de si mesmo. Impõe as suas interpretações sem levar em conta os desejos e as possibilidades de cada um. Considerando-se único e insubstituível, ele se considera o intérprete privilegiado da mensagem divina.

— Ele não atingiu certa sabedoria?

— Os esforços que fez provaram-lhe que era um ser de elite, e ele está convencido de haver encontrado o sentido definitivo dos símbolos. Por isso exibe a ânfora, mostrando que é o seu dono e que ninguém a tomará. Infelizmente, ele menospreza o seu conteúdo. Em

pouco tempo, afundará na vaidade. E eis que chegamos ao quarto personagem.

— Acho que ele está atento, inteiramente preocupado com a própria tarefa. Segura a ânfora com força e controla a saída de água. O rosto mostra total serenidade.

— Ele simboliza a *transmissão do espírito*. Sem menosprezar a forma e o conteúdo, atinge o coração de todos. Respeita o momento favorável para a comunhão do pensamento e leva em consideração a receptividade dos Irmãos e dos outros homens. Por isso é que ele transmite a essência dos símbolos, sem perder nenhuma partícula. Pois fala na linguagem que convém a cada um, evita chocar e impor suas convicções pessoais e deformar as ideias principais. É profundamente humilde, mas não submisso. Que venham os que vivem na Terra e os que deverão nascer, diz ele; eu os guiarei no caminho da vida. Navegarão com um vento favorável, sem acidentes, e acostarão no porto da cidade das gerações. Se ouvirem as minhas palavras, verão a utilidade delas.

— Os Antigos não haviam criado uma ciência que se ocupava particularmente da transmissão iniciática? Eu me refiro à retórica, que tem um nome tão malcompreendido atualmente.

— De fato, originalmente, falar bem consistia em transmitir a inteligência de todas as coisas. Era assim, penso eu, que os construtores iniciados sempre conceberam sua tarefa. Alguns deles, dotados de uma genialidade especial, conseguiram fazer obras-primas. No entanto, escultores com menos qualidades conseguiam cumprir o dever com obras que não pareciam "belas", mas que, no entanto, continham o essencial da mensagem. O nosso gosto não tem importância.

— Quando o estilo de uma obra está em harmonia com um pensamento iniciático, é o nascimento de uma civilização. Não consigo encontrar outra explicação para a criação das pirâmides, do templo de Luxor, da Cidade Proibida, em Pequim, de Chartres... mas cada construtor tem realmente a possibilidade de reviver essa transmissão vinda de outros tempos?

— O primeiro Mestre de Obras viu todas as coisas. Ao ver, ele compreendeu. Ao compreender, teve a força de revelar e mostrar. Ele gravou as coisas que conheceu. Porém, conhecia os homens. Depois de gravá-las, ele as ocultou, preferindo manter silêncio, para que cada nova geração de construtores, no mundo todo, tivesse de descobri-las no próprio coração. Observe o homem que transmite o espírito corretamente: ele não lhe passa um segredo convencional, um "truque", um segredinho; ele dá a você o sentido do segredo por natureza, o sorriso resplandecente do Conhecimento. Desde que você não traia a realeza do Leão que o aguarda no caminho.

31º grau

O Leão alado ou a realeza flamejante

— Alguns tentaram matar o Leão — disse Pierre Delœuvre. — As abelhas foram fazer o mel nas chagas do animal ferido. Ferir o Leão significa toldar a consciência do homem real, significa tentar destruí-lo. Mas a abelha intervém e cria uma substância de imortalidade no próprio corpo do animal ferido.

— Isso significa que a iniciação nunca pode ser mortalmente atingida?

— Até nas civilizações mais materialistas, o homem que deseja a iniciação pode encontrar em si o ouro dos deuses e se alimentar dele.

— O Leão alado, com a faixa, o filactério, é a força, o fogo do desejo que nos leva ao conhecimento?

— Esse fogo permitirá que você caminhe em direção ao seu objetivo. Mas, se tiver a vaidade de considerar a si mesmo como o fogo divino, um leão furioso vai aparecer e dilacerá-lo com suas garras.

— Como domá-lo?

— Para "segurá-lo", harmonize o divino e o humano com um mesmo brilho. Se você conseguir submeter a fúria do Leão, poderá usar devidamente a força dele.

— Essa fera me lembra o leão com rosto de fogo e olhos em chamas dos templos antigos. Na forma de gárgula, ele repelia as tempestades, acalmava as desordens do céu. Li a seguinte frase na base de um leão de pedra em Karnak: "Eu sou aquele que afasta o malfeitor, eu rejeito a marcha daquele que transgride o caminho."

— O Leão tem um olhar que fascina. Ele queima em nós a incompetência e os obstáculos à evolução espiritual.

— Ele é o guardião do nosso templo interior?

— Seu papel é não deixar entrar na nossa consciência nenhum pensamento nocivo, nenhum sentimento destruidor.

— É ele que detém o segredo do nosso sol?

— A crina do Leão é sol, a cara dele é luz. A força do Leão pode ser divina ou humana. Quando divina, ela é a energia que cria vida e movimento. Quando humana, é a aplicação, em todos os níveis, da realeza de espírito.

— Mas o sol do Leão não é um astro passageiro, efêmero?

— Ele só brilha no zênite de uma consciência realmente transformada. Pelo fogo do qual é depositário, esse Leão trabalha até as menores asperezas da nossa pedra interior. Nesse momento da sua iniciação, você tem de vencer, mais uma vez, a vaidade. Não faça desse Leão uma cara retorcida.

— No *Livro dos Mortos*, o iniciado enfrenta um animal tirânico e deve rechaçá-lo. Ele exclama: "Eu sou o criador! Para trás, Leão que tem a boca branca de espuma! Recue diante da minha força!"

— Você não tem nada a temer do Leão, se for vigilante. Ele mesmo lhe dá o exemplo, pois não dorme nunca. Hermes Trismegisto afirmava que o Leão era dotado de uma natureza que prescinde do sono, igual à dos deuses.

— Leão não vem do grego *lâo*, "eu vejo"? Na língua egípcia, usamos os mesmos signos para escrever "leão" e "ver".

— É pedida a você essa vigília constante, essa capacidade de "ver", que permite estar sempre atento à vida.

— Para evitar os elementos indesejáveis?

— O Leão é aquele que vigia, o guardião. É por isso que se colocavam cabeças de leão nas fechaduras dos templos. Mas o olho do Leão não se limita a olhar. Ao ver o mundo, ele o recria. Ao dar vida ao Sol, todas as manhãs ele ressuscita o nosso sol interior. Ele enfeitiça o construtor que não cumpre sua função, ele o devora. É ele que autoriza os iniciados a passarem pela porta do templo em estado de pureza.

— Também se dizia que os filhotes do Leão nascem de olhos abertos, que eles representavam nossos atos justos, nossas obras de luz.

— O iniciado deve ser um Leão, um peregrino que não teme nada na Terra.

— Esse segundo Leão não corresponde à travessia no deserto? No Egito, o rei era um leão de olhar aterrorizador que percorria as extensões desérticas para pacificá-las. O sábio perguntava ao Criador por que o levara para um deserto sem água, sem ar, escuro e sem limites visíveis. O criador respondeu que ele beberia a luz do espírito, em vez de água, e respiraria a verdade da própria consciência, em vez de ar.

— É isso mesmo o que é proposto nesse grau da sua iniciação. Nos Evangelhos, Cristo combate as forças maléficas no deserto. Transforme-se em Leão, enfrente-as. Mas não deixe o reino dos céus se tornar um deserto em você.

— Por não ter sido construída, essa terra desconhecida do deserto não é perigosa?

— Sim, ela é o território das "possibilidades", do que ainda não é. É lá que o iniciado encontra os seus demônios.

— Agora compreendo melhor por que Seth, o vermelho, que passará a ser o diabo na cristandade, é dono das regiões desérticas. Ele é detentor da força instintiva, incontrolada, que não pode usar sozinho sem a corromper.

— Lembre-se de que, quando o tentador abordou Cristo no deserto, ele disse: "Se tu és o Filho de Deus, manda que esta pedra se torne pão." Jesus respondeu: "Está escrito: nem só de pão vive o homem, mas de toda palavra que sai da boca de Deus."

— Por que os Antigos diziam que a leoa não era fecundada duas vezes e que ela carrega um único filhote? Isso tem relação com a palavra única do mestre ao discípulo?

— Sem dúvida, mas a tomada de consciência da sua iniciação é uma e múltipla ao mesmo tempo. Múltipla porque os questionamentos sobre o caminho do conhecimento são muitos. Uma porque o construtor conhece um momento de graça, um instante privilegiado em que orienta toda a sua vida. Se quiser se realizar, comece aqui e sem demora.

— Esse Leão não possui dois reinos, o do céu e o da Terra?

— Para você, ele é o cruzamento dos caminhos. As partes anteriores do Leão ligam-no ao céu, as partes posteriores o põem em contato com a Terra.

— Conciliar os contrários em mim mesmo? É a tarefa que você me indica?

— Torne-se o começo e o fim, alfa e ômega. Assim você romperá o selo e abrirá o livro. Você lerá o texto da faixa que o Leão alado tem em seu poder.

— Vivendo uma ressurreição?

— É sem dúvida a coroação da iniciação. Mas só ressuscitamos uma vez. Você conhece o surpreendente costume do leão em caça que delimita um círculo com a cauda? O mundo sagrado é um círculo, a cauda do animal é a justeza interior que permite traçá-la.

— Uma espécie de Leão geômetra?

— O símbolo do Mestre de Obras fazendo traços na terra e os pastos crescendo; faça irradiar a sua palavra nos estábulos e nos currais e o sopro da vida lhes será dado.

— Quando deverei pronunciar tais palavras?

— No instante em que anunciar o seu engajamento diante da comunidade. A Lua é senhora do juramento. A primeira parte da sua iniciação termina com esse juramento. Você jura fidelidade à confraria que o recebe, promete tentar melhorar sempre pelo estudo dos símbolos. Também se compromete a guardar os segredos que lhe são confiados. Não segredinhos infantis, mas o segredo da vida no espírito, o segredo que a pessoa não pode trair.

— Cabe a mim, por consequência, deixar penetrar no meu espírito e nas minhas mãos a alma da confraria da qual desejo fazer parte.

Não é um momento-chave a passagem do homem egoísta para o homem comunitário?

— Antes de tudo, é uma viagem perigosa.

— Qual? — perguntei, já antevendo o Sol, a próxima etapa.

— O vazio — respondeu Pierre Delœuvre.

32º grau

O Anjo ou o Homem à imagem de Deus

— Um Anjo... confesso que estou um pouco surpreso.

— Perdemos o hábito de encarar a realização do homem sob essa forma — disse-me Pierre Delœuvre. — Os anjos parecem estar tão longe de nós! Mas os Antigos gostavam de representar assim aqueles que assumem o papel de mensageiros entre o céu e a Terra.

— Penso na ave egípcia com cabeça humana, desenhada com frequência nas paredes das tumbas. Ela era chamada de *ba*, "alma manifesta". Ela ia para o céu quando queria, de onde voltava para dar vida ao sarcófago, a morada da ressurreição.

— Até o Eros dos gregos tinha, na sua origem, um significado profundo. Ele encarnava o amor pelo qual o iniciado comungava com o criador.

— Tenho de reconhecer que os anjos não me "dizem" muito. Pensamos mais em zombar deles depois das discussões sobre seu sexo e depois dos anjos bochechudos e ridículos da época barroca.

— Esqueça os estilos artificiais que encobrem a verdade manifestada pelos anjos. Adote um novo olhar. Para os construtores, os anjos são idênticos aos deuses do mundo antigo. Em você, eles correspondem ao despertar das capacidades vitais, até então desconhecidas. Os anjos também simbolizam os iniciados que agora vivem na luz eterna, mas que estão sempre presentes entre nós. Eles são encarregados de velar pelo estado do "fio de Ariane" que liga a harmonia divina e a harmonia humana.

— Sei que são Dionísio, o Areopagita, esse misterioso autor que está na origem da concepção da luz na arte gótica, se preocupou com o simbolismo dos anjos. Ele explicou que Anjo é o reflexo visível do invisível, espelho puro, perfeitamente límpido, intacto, sem mistura, sem sujeira, capaz de refletir a forma divina no seu inteiro frescor.

— Assim, você percebe que o Anjo é a força que inspira o Mestre de Obras a traçar a planta da catedral. Ao se tornar "angélico", o seu conhecimento virá de dentro. Foram os anjos que revelaram aos nossos pais as proporções do mundo e os segredos dos seus mistérios.

— O Anjo é o supremo iniciador, aquele que possui a última chave dos grandes mistérios?

— "Homem à imagem de Deus" é o qualificativo do rei ou do Mestre de Obras que ouve a voz dos anjos. Em você, o Anjo é aquele que exprime, sem corromper, o pensamento do arquiteto dos mundos. Cabe aos anjos incentivar a marcha eterna dos astros, garantir a rotação do firmamento, manter o movimento das esferas.

— Você me propõe que descubra o céu pelos anjos? Isso seria entender de uma maneira nova o que chamamos de "anjo da guarda"! Não seria somente um protetor dos nossos pequenos interesses, mas o Mestre de Obras em nós.

— Os anjos da escada de Jacó fazem permanentemente a viagem do céu para a Terra e da Terra para o céu.

— Estamos na presença de um ser desencarnado que plana acima da condição humana ou de um homem "alado" que espiritualizou a sua vida?

— De que adiantaria não aceitar esta Terra na qual você se põe à prova para viver a sua iniciação? É aqui que acontece o nosso destino, que a nossa aventura se realiza. É aqui que chegaremos, ou não, ao conhecimento do sagrado.

— Devemos considerar que esse sagrado está a tal ponto além do homem que jamais poderemos compreendê-lo?

— Nesse caso — disse Pierre Delœuvre, com um ligeiro sorriso —, o Anjo significaria que o objetivo buscado é inacessível e que todos os esforços seriam inúteis. Só restaria destruir as catedrais e quebrar as esculturas. Creio que os Mestres de Obras nos deram outra resposta, mais nuançada, mais profunda. A verdade que vamos atingir não é definitiva. O Anjo é uma força celeste, porque nos ensina a relatividade dos nossos sucessos e, ao mesmo tempo, a necessidade de tender para o absoluto.

— O Anjo não é também o Mestre que nos permite ter êxito, realmente construir a nossa vida?

— Quando o Arquiteto dos Mundos envia o Anjo para o iniciado, a missão do Anjo é levar o iniciado de volta para o Princípio de onde ele saiu. E, pelo conhecimento do grau iniciático simbolizado pelo Anjo, você fica mais perto do que denominamos ser um Mestre.

— Notei um detalhe: com o Anjo, termina o grupo de figuras denominado "tetramorfo", ou seja, as quatro figuras compostas pelo Touro, a Águia, o Leão alado e o próprio Anjo.

— Não é uma etapa à parte no caminho da sua iniciação, mas uma ligação particular entre os símbolos. Você pode estabelecer outras ligações de significados. A sua realeza, por exemplo, passa pelo Golfinho, pelo Elefante, pelo Leão e pela Águia.

— No entanto — insisti —, o Tetramorfo ocupa um lugar privilegiado na arte da Idade Média. Ele foi muito representado tanto na escultura quanto na pintura.

— O que mais você notou? — perguntou Pierre Delœuvre.

— A disposição habitual é a seguinte: formando um quadrado em volta do Cristo glorioso, cada um dos quatro Evangelistas tem um emblema correspondente que nunca variou. A João é atribuída a Águia; a Marcos, o Leão; a Lucas, o Touro e a Mateus, o Anjo. Além disso, trata-se da tradução cristã dos quatro filhos do deus egípcio Hórus.

— Qual era o papel deles?

— Eles tinham por missão zelar pelo morto. Asseguravam a boa conservação do fígado, dos pulmões, do estômago e dos intestinos para a eternidade. A cada um desses órgãos materiais correspondia uma qualidade: a força interior, a consciência, a energia e a capacidade de criação. Cristo substituiu Osíris como quinto termo. Ambos ressuscitaram graças à obra dos quatro companheiros que zelavam por eles.

— De fato, esses quatro personagens compõem uma visão sintética da sua iniciação. Eles aparecem para você num vento de tempestade, num vento vindo do norte do mundo, numa nuvem cercada de claridade. Ao redor do trono que atravessará o céu, ao redor desse trono ocupado pelo Mestre de Obras no templo, você verá esses quatro seres. Eles lhe ensinam como ser mestre, a planta do templo que edificaram os construtores de ontem, que edificam os de hoje e que edificarão os de amanhã.

— Eu me lembro do episódio dos contos do Graal em que os cavaleiros, guiados por uma jovem virgem, chegam a uma capela, onde entram atrás de um cervo branco e de vários leões. Um monge celebrava um ofício. Assim que ele começou, os cavaleiros viram o cervo se transformar num homem, que se instalou numa cátedra acima do altar, sendo que os quatro leões se transformaram: o primeiro num homem, o segundo numa águia, o terceiro num leão alado e o quarto num touro. Depois, os quatro ergueram a cátedra onde estava sentado o Homem e saíram voando por um vitral sem quebrar um só vidro.

— Antigamente, era na quarta-feira da quarta semana da Quaresma que o sacerdote explicava aos futuros batizados o significado dessa lenda. Mas a religião esqueceu que ela era filha da iniciação. As religiões morrem, mudam, a iniciação continua. Pelo Anjo, dê vida a sua experiência iniciática. Torne autênticos os graus da iniciação que acabou de passar. Então, descobrirá a Árvore florida.

33º grau

A Árvore florida ou a comunidade dos construtores

O Sol se punha sobre a catedral. Quando o meu olhar descobriu a Árvore florida, tive certeza de que a Luz, da qual Pierre Delœuvre falara tanto, era o essencial da aventura humana. Era, realmente, essa passagem pela luz que transformava um olhar profano em olhar vivo.

O "paraíso", o "jardim celeste" não estavam perdidos num além inacessível. Eles estavam aqui e agora. Eles ficam ocultos na nossa visão, certa ou errada, da realidade.

— A iniciação — disse Pierre Delœuvre — é uma arte e uma ciência. Com suas mãos e seu pensamento, tente recriar o jardim secreto onde cresce a Árvore florida.

— Essa árvore é a figura do Mestre realizado?

— É uma árvore carregada de frutos, de seiva vigorosa, de frutos muito ricos. Ela é, ao mesmo tempo, a árvore da vida e a árvore do conhecimento.

— Contemplá-la não me parece suficiente.

— Coma os frutos para absorver a sabedoria que ela possui. O sabor desses frutos dependerá de você, da maturidade que você terá adquirido ao longo do caminho.

— O sábio do Egito dizia que aquele que se deixa dominar pela raiva no templo é como uma árvore que, num instante, perde as suas folhas. Aquele que sabe ficar em silêncio é como uma árvore que cresce num jardim. Ela se torna verde, dá frutos em dobro. Sua sombra é agradável, ela encontra a plenitude no jardim.

— Faça se calar o homem profano, ouça a voz da iniciação que lhe permitirá crescer como a árvore do jardim primordial. Entre numa comunidade de árvores da vida.

— Essa árvore não é o eixo do cosmos? A primeira árvore cresceu numa colina que saiu do caos na época da criação do mundo.

— Essa Árvore das origens atravessa todas as esferas. Ela é o pilar do mundo. Ela floresce na consciência do homem quando este se corrige.

— Uma vez que essa Árvore atravessa os infernos, a Terra e os céus, ela não é um traço de união entre todos os estágios do ser?

— A Árvore florida harmoniza o alto e o baixo, o infinitamente longe com o infinitamente próximo. Para os antigos, cortar uma árvore era eliminar uma comunicação entre o céu e a Terra, era impedir a circulação da energia. O único motivo aceitável era construir com a árvore cortada, para fazê-la reflorescer de outra maneira. As colunas das igrejas são árvores de pedra. Quem as demolia era severamente castigado. Preste atenção para nunca destruir uma árvore que possa florir.

— Os germânicos tinham o grande freixo Yggdrasil, que tremia e balançava quando uma civilização acabava e outra aparecia. Os cristãos destruíram muitas árvores grandes julgadas "pagãs", como essa.

— No entanto — observou Pierre Delœuvre —, uma cristandade verdadeira repousa por inteiro na árvore da vida.

— "Árvore da vida"... é uma expressão muito mais antiga do que o cristianismo. Eu a encontrei com frequência nos textos do antigo Egito. "Todos os corpos estão cheios da árvore da vida", dizem eles. Foi uma grande deusa quem a criou para todos os seres.

— E os obeliscos? Você não os considera como árvores da vida?

— Os egípcios afirmavam que, na verdade, os obeliscos eram tão altos que furavam o céu, iluminando o seu país como sóis. Ao dissipar a tempestade, eles impediam qualquer desordem cósmica.

— Quando o iniciado se aproxima da chama, no último santuário do templo onde transcorre a cerimônia, lhe é perguntado do que vivia até então. "Dessa árvore venerável", responde ele. Na sua frente, diante dos Irmãos reunidos, o Mestre de Obras enuncia as palavras dos Antigos gravadas nas colunas dos santuário. Pelo ensinamento dessas árvores de pedra, pomos luz nos olhos do iniciado para que ele possa caminhar à noite como se fosse em pleno dia.

— Essa árvore é do tamanho do universo. Não é nela que o Mestre encontra sua verdadeira dimensão?

— Sabiamente edificada, essa árvore mergulha até o seio da Terra e cobre os nove mundos. Para conhecê-la, é preciso subir até o topo, de onde vemos a paisagem do universo.

— Não é essa a ideia expressa no conto de Perrault, no qual o Pequeno Polegar, herdeiro afastado do deus Wotan, sobe ao alto de uma árvore para ver se não descobre algo importante? Virando a cabeça para todos os lados, ele vê um pequeno clarão, a parcela divina, além das florestas.

— E Wotan ficou no topo da árvore nove noites e criou as runas, a língua sagrada do seu povo.

— Essa Árvore florida — observei — traz sérios problemas para nós, ocidentais!

— Você se refere ao Paraíso bíblico e a sua árvore? Quando o demônio ali entrou, as árvores ainda possuíam um odor suave. Quando seduziu Adão e Eva, esse odor suave desapareceu. As folhas das árvores caíram.

— A presença divina foi embora?

— Você sabe que, se Adão houvesse esperado um pouco, Deus lhe teria recomendado: coma o fruto da árvore?

— Em outras palavras, a árvore da vida teria sido oferecida ao primeiro homem se ele houvesse aceitado a preparação necessária: um caminhar iniciático.

— Adão traiu o espírito ao se apressar, querendo tudo, de qualquer maneira. Os nossos Mestres sempre acharam que o longo caminhar da iniciação era a coisa mais preciosa do mundo. Ao vivê-lo, os homens daquele tempo aprendiam a apreciar o verdadeiro sabor das coisas, não se precipitando, sem consciência, para o objeto do desejo. Como uma escultura, a obra-prima, que deve ser toda existência humana, não se realiza em poucos instantes.

— Onde está agora a árvore do Paraíso?

— Ela não mudou de lugar. Continua escondida no Paraíso, continua a crescer no que os cristãos chamam de "a Virgem". Ao sair da matriz, ela estendeu sua sombra sobre o mundo.

— Uma sombra que não é privação da claridade?

— Uma sombra que nos permite ver a luz.

— As antigas lendas vinculam a árvore à Virgem. Na cidade egípcia de Hermópolis havia uma árvore cuja casca fazia curas milagrosas. Quando fez a peregrinação ao Egito, a Sagrada Família foi à ilustre cidade do deus Toth. No momento em que viu o filho de Deus, a árvore se prostrou diante dele. Essa árvore era a última descendente da acácia "de membros puros", que havia crescido numa ilha de fogo.

— A Idade Média via o Cristo como uma árvore. Ele era qualificado como árvore da vida, bela de se ver, digna de ser desfrutada.

— As árvores sempre foram a moradia das grandes divindades.

— "Erga a pedra", diz um dos nossos rituais, "e você me encontrará. Corte a madeira, pois lá eu estou". Naquele tempo — prosseguiu Pierre Delœuvre — a vida perecia por uma árvore. O renascimento do iniciado se realiza por uma árvore.

— O Anjo — chamei-lhe a atenção — indica a derradeira transformação do construtor, fazendo com que ele tenha acesso ao grau de Mestre. Que nova qualidade traz a Árvore florida?

— Ela dá a você a coluna vertebral e a coluna da sua iniciação. Ela é a linha sem começo nem fim, em torno da qual tudo se organiza. Se compreendermos bem nossa iniciação, diziam os antigos chineses, ficaremos parecidos com uma árvore que leva os seus galhos até as nuvens e se comunica com o céu supremo. Sua árvore da vida está no centro do céu e da Terra. Ela carrega todas as cores da natureza humana.

— Cabe a mim evoluir à sua imagem?

— Não apenas a você, mas a toda a sociedade digna da sua missão. As verdadeiras civilizações eram concebidas como árvores, cujas raízes eram as leis dos cosmos, o tronco era o corpo das atividades, as folhas, a realização de cada um, e os frutos, as obras realizadas pela comunidade dos construtores. Você fez surgir a sua própria árvore. Ofereça-a agora à confraria que o recebe. Somente ela poderá fazê-la crescer para se tornar uma imensa floresta.

— É possível entrar de novo no Paraíso original?

— Quando Set, a pedido do velho Adão, foi buscar o santo óleo no Paraíso, ele olhou três vezes. Na terceira vez, viu uma árvore subir até o céu. No topo havia uma criança recém-nascida.

— O iniciado que nasceu pela segunda vez?

— Na tumba do primeiro Mestre de Obras há sempre uma Árvore florida. A qualquer momento ela pode ser redescoberta. Onde há uma Árvore florida, a confraria iniciática prossegue a sua obra.

— A Árvore florida simboliza a confraria?

— A confraria é uma árvore, é um templo. O Mestre de Obras não é apenas um mestre, um indivíduo; ele é o espírito da confraria.

Assim terminavam os 33 graus da iniciação. Mas eu queria, com todas as minhas forças, continuar esse diálogo. Eu ainda queria fazer muitas perguntas a Pierre Delœuvre.

— Eu ainda queria perguntar...

— Pode ser, mas durante um bom jantar.

Conversa à mesa

Uma lenha grossa ardia na lareira do restaurante. Havíamos jantado bem. Os nossos corpos precisavam disso. Provavelmente as nossas almas também. Havíamos falado de viagens, evocado lembranças.

— Pela contemplação dessas figuras simbólicas — disse eu —, você me fez percorrer as etapas de um ritual iniciático. Revelou-me o que ninguém ousou dizer antes.

— O homem que não é iniciado — respondeu-me ele — ainda não nasceu. Ele pensa viver, uma vez que está vivo. Ao ignorar as verdadeiras leis do mundo no qual vive de maneira mais ou menos caótica, ele não possui raízes. E sabe disso, se for honesto consigo mesmo. Foi por essa razão que me pareceu necessário começar a falar.

— Ao percorrer uma a uma as etapas do caminho, às vezes perdi o fio condutor. Parece-me que tudo começa com um dilaceramento. Por ocasião de um sofrimento, de um encontro ou de um acontecimento desconcertante, o indivíduo tem a sensação de que as trevas se rasgam. De que há alguma coisa por trás, alguma coisa a ser percebida.

— Você está descrevendo a primeira tomada de consciência. Não a conscientização de alguma coisa precisa, mas uma impressão profunda, indelével, que revela a existência de outra coisa, de outra maneira de conduzir a vida.

— Creio que a solidão estéril é a causa de todos os nossos entraves. Ao me interrogar sobre ela, ao recusá-la, deixo de lado a minha atitude estática. Pego um cajado de peregrino. Procuro uma obra na qual um templo é construído.

— Quando abre assim o seu coração ao construtor encarregado de receber os postulantes, este último não o rejeita. Faça calar a sua agitação, diz ele. Você está balbuciante, seco, é vaidoso. Mas florescerá, como uma grande árvore, se replantar as suas raízes numa terra celeste.

— Nesse momento ele me mostra uma árvore seca.

— E você ouve as seguintes palavras: "Você renasce nas trevas porque o excesso de claridade o cegaria." Tudo está presente na Árvore seca, mas você não pode ver. Para atingir a Árvore florida, as provas serão difíceis. Quer enfrentá-las, abandonar o conforto do seu "eu" para tentar uma aventura cujo desfecho desconhece?

— Eu me lanço nesse caminho.

— Para sua grande surpresa, assim que você entra no templo, os dois grandes princípios da vida espiritual lhe são revelados: a intuição da luz, a comunhão com ela, e a intuição da criação.

— Tenho a sensação de que, finalmente, uma verdadeira obra começa. Pedem-me para ver ao mesmo tempo e com a mesma atenção as coisas maiores e as menores.

— Desde o início você descobre a criação na menor parcela de vida. Tornar-se um construtor: essa é a transformação essencial que lhe é proposta. É por ela que entrará realmente na confraria.

— Achei que tudo isso estivesse fora do meu alcance.

— A matéria retificará os seus erros. A pedra estraga a mão que a maltrata. Se seus gestos se tornarem pensamentos vivos, se seus pensamentos se tornarem gestos certos, eles decifrarão os enigmas, dia após dia.

— Criar por amor à criação, sem justificativa de nenhum tipo... é isso o que descubro no canteiro de obras.

— Como poderia avançar no caminho dos construtores se já não tivesse em você, como todo ser humano, o desejo de conhecer?

— Eu ainda estou maravilhado quando dou de encontro com máscaras estranhas. De repente, a atmosfera do templo é alterada. A grande claridade do início da cerimônia é substituída por uma agitação inquietante. Vacilo sob o efeito de ventos que me fazem girar, temo perder o equilíbrio. Pior ainda, acho que abandono a magnífica harmonia que parecia estar ao meu alcance. O bem e o mal, a beleza e a feiura, o dia e a noite... Pares antagonistas passam diante dos meus olhos perturbando a minha reflexão. Como resolver essas dualidades que me impedem de me movimentar?

— Aos poucos, a calma volta. Você vence a prova da dualidade. Você quer prosseguir viagem. Fica tranquilo novamente. Suas máscaras caem por terra. Suas falsas personalidades, completamente fabricadas, desaparecem.

— Sim, porque me ensinaram as leis da Divina Proporção. Eu as constato no meu próprio corpo e tento aplicá-las na minha visão de mundo, no meu pensamento.

— Então você sai da prisão das oposições estéreis. Concilia os contrários. Podendo dispor das chaves da geometria sagrada, você imagina, por um instante, ter chegado ao fim do caminho. A Divina Proporção não é a regra de ouro que permite construir os mais belos edifícios? Só lhe resta aplicá-la nas obras que marcarão a sua existência.

— Bruscamente, o meu caminho é barrado.

— Sim, um dragão, cheio de violência e de raiva, aparece na sua frente.

— Palavras de fogo saem da boca do Dragão.

— Você não tem medo. Do fogo, você faz um amigo. Ao Dragão, pede o segredo da linguagem dos pássaros, que lhe permitirá iniciar um diálogo com tudo o que vive, respeitando a natureza profunda de cada coisa.

— O Dragão me fala dos tesouros. Compreendo que eles são o material de construção do templo.

— Eles estão na alma e nas mãos do construtor. Caídas do céu, as pedras da Cidade Santa se espalham pela Terra. Olhe bem. Junte-as e terá a Matéria-prima, a que usará na sua própria transformação alquímica.

— A minha Fé não é mais passiva. Ela me abre imensas perspectivas. Eu me pego sonhando, imaginando as tarefas que um iniciado pode realmente levar a cabo.

— A prova da água o chama de volta ao presente imediato. Terá de atravessar um verdadeiro oceano com várias e insidiosas armadilhas. Zele para, na sua sensibilidade, não se perder nas inúmeras miragens.

— Isso não é fácil. Eu esbarro com uma tormenta.

— Se acredita ser capaz de escapar dessa tormenta, você será. Se deseja escapar do afogamento, conseguirá. Não seja indolente. Eleve-se acima do oceano do sensível.

— Compreendo que se percebe realmente a verdade de um ser ou de uma coisa, situando-nos ao mesmo tempo dentro e acima. Mas me pedem que eu me purifique.

— Ser puro é tornar-se Uno, é recriar a coerência.

— Faço se calarem as vozes desordenadas que me puxam de um lado para outro.

— Por isso a sua inteligência se torna receptiva aos movimentos do universo. Ela permite que você desarme as armadilhas do mental e do raciocínio, diferencie a obra autêntica das produções artificiais.

— Tenho a impressão de que um ouvido se abre. Sinto que começo a me reunificar, a entrar na Obra.

— Pela ação da inteligência ativa, você reúne o que estava espalhado em você. O velho homem morre para renascer um homem novo.

— Tento não ficar mais imobilizado, não mais julgar. Tento transformar o meu olhar, as minhas percepções.

— Quando você consegue unir receptividade e atividade, lhe é apresentada a Espada simbólica. Você organiza o seu ser em torno desse eixo de luz. Ele detém a força que não fere nem degrada, e sim introduz o impulso criador em tudo o que toca.

— A Espada me oferece sua consistência.

— A sua vida e a minha podem ser comparadas ao fio de uma espada cercada por dois abismos insondáveis: a moleza e a vaidade. Esses dois monstros espreitam qualquer falha nossa.

— Ensinam-me a usar a Espada.

— É assim que retifica o que está errado em você.

— Nesse momento, eu saio das trevas. Tento desligar-me da literalidade dos símbolos que me haviam sido oferecidos, tento captar melhor a intenção dos construtores que me cercam. Sinto-me preparado para participar dos trabalhos deles.

— No entanto, você ainda não passa de uma luz refletida em relação à fonte das luzes. Para chegar ao coração da vida iniciática, precisa passar dos pequenos para os grandes mistérios, ir da manifestação para o princípio, conhecer o brilho do primeiro Sol que renasce todas as manhãs.

— Essa receptividade é o verdadeiro silêncio. Não o vazio.

— Nesse silêncio, você percebe a sua verdadeira natureza. Mas a continuação do caminho iniciático é consagrada ao ato mais difícil: passar da realização pessoal para a realização comunitária. Você precisa dar um passo decisivo. Uma porta baixa, estreita, se abre na sua frente. Você passa por ela para enfrentar novas provas.

— Um Sol me é mostrado. Propõem que eu o faça renascer no meu coração, que eu renasça com ele todas as manhãs.

— A criação não descansa. Ela cria o universo sem cessar, e tem como análogo o construtor, que faz um sol do seu próprio pensamento.

— Embora esse lugar fique escuro de novo, ainda existe uma luz. Ela me lembra da fraca claridade da minha primeira tomada de consciência.

— Que você possa contemplar o sol à meia-noite, é o que lhe dizem. Harmonize as duas luzes, a direta e a refletida. O que está no alto será como o que está aqui embaixo.

— Não separo mais o "alto" e o "embaixo". O que conta são as leis da harmonia que unem esse dois aspectos de uma mesma coisa. Porém, um dos construtores põe uma venda nos meus olhos. Inicialmente, acho que estou retornando para as trevas. Mas compreendo que essa venda é a serenidade. Ela me estimula a procurar um olhar interior, a dissipar as brumas.

— Ao fazer a introspecção, você se organiza. Ou melhor, deixa sua própria luz organizá-lo sem opor nenhum obstáculo.

— Quando a venda é retirada, dirijo o meu olhar para o triângulo.

— É ele que rege o céu e a Terra. Se quiser conhecer o mistério dos Três em Um, tem de sacrificar os frutos dos seus atos à ação criadora.

— A via que me é proposta é a Obra que sacraliza o pensamento e o gesto. Eu a sinto como um movimento que atravessa o homem e o mantém em harmonia.

— Sim, amar por amor ao Amor. A sua Fé faz nascer uma inteligência do coração, a Esperança lhe dá a realidade, a Caridade a reconhece em todas as criaturas. Tornar-se ontem, hoje e amanhã no mesmo instante.

— Desde que eu passe pelo fogo, dizem-me.

— Gerando o seu próprio fogo, sem ajuda exterior.

— Um retorno à solidão...

— Você fica sozinho, mas não isolado como alguém que só conhece a si mesmo e a mais ninguém. Você fica sozinho diante do Princípio. Sozinho, mas habitado pela comunidade dos homens com os quais viaja no caminho da iniciação.

— Sei que a mais sublime elevação espiritual não basta. O essencial é encarnar o que é percebido.

— Por isso é pedido a você que conheça todos os modos de transmissão da iniciação. Tome cuidado para não ser despreocupado ou dogmático, não se prenda à forma em detrimento do significado. Não se esqueça de que a vaidade daquele que se crê sábio é um veneno mortal contra o qual não existe nenhum antídoto.

— Transmitir o espírito dos símbolos é o primeiro dos deveres.

— Transmitir o espírito da nossa arte de viver e de construir é a ciência das ciências, a arte real. Consagre a isso todos os seus esforços.

— Um tal engajamento não faz com que expulsemos para a sombra tantos falsos valores do nosso mundo atual?

— Receba em você o que é. Tente celebrar a união de todas as formas da vida. Os seus mais belos sucessos serão sempre relativos e imperfeitos. O Homem que construímos nunca ficará pronto.

— No meio da assembleia dos construtores me fazem contemplar uma árvore imensa.

— Sim, o símbolo do conhecimento que é a nossa razão de existir e de construir. Em volta dele, doravante, não haverá mais sombra para você. Suas raízes, como as desse símbolo, se enterrarão nas profundezas da Terra, seu feito se elevará para o céu. As flores e os frutos dessa árvore são nossas obras, que oferecem alimento vivo a cada geração de construtores.

— Nesse instante, eu sei que não há, de um lado, a Árvore seca e, de outro, a Árvore florida. Só existe uma única e mesma árvore. Entre as duas, é o meu olhar que muda.

— Conhecer o mundo nas suas diferenças, nas suas manifestações e nas sua cores, é um conhecimento da noite. Conhecê-lo na sua unidade é um conhecimento da manhã. Seja a Árvore seca e a florida ao mesmo tempo. Mas já é tarde — disse Pierre Delœuvre — e já falamos muito.

— Eu queria...

— Com certeza nos veremos novamente. Com toda certeza.

Apertei a mão de Pierre Delœuvre. Ainda vejo seus ombros largos desaparecendo na noite, na ruazinha que levava à catedral.